叶嘉莹 主编　陈斐 执行主编

◆ 域外诗谭　海外汉学家中国古代诗人研究译丛 ◆

杨万里的詩歌

[加]施吉瑞 著

宋烨 译

华文出版社
SINO-CULTURE PRESS

图书在版编目（CIP）数据

杨万里的诗歌 /（加）施吉瑞（J. D. Schmidt）著；宋烨译. -- 北京 : 华文出版社, 2024. 12. --（域外诗谭 : 海外汉学家中国古代诗人研究译丛 / 叶嘉莹主编）. ISBN 978-7-5075-6093-0

Ⅰ．K825.6；I207.227.44

中国国家版本馆CIP数据核字第2024LM9951号

Copyright © J.D.Schmidt,1976

First published in English under the title *YANG WAN-LI* by J.D.Schmidt,1st edition

Simplified Chinese edition copyright©Sino-Culture Press Co., Ltd., 2024

ALL RIGHTS RESERVED

著作权合同登记号：图字 01-2024-5728 号

杨万里的诗歌
YANGWANLI DE SHIGE

著　　者：[加] 施吉瑞
译　　者：宋　烨
责任编辑：潘　婕
策划编辑：吴文娟
出版发行：华文出版社
地　　址：北京市西城区广安门外大街 305 号 8 区 2 号楼
电　　话：总编室 010-58336239　发行部 010-58336267
　　　　　责任编辑 010-63429159
邮政编码：100055
网　　址：http://www.hwcbs.cn
经　　销：新华书店
印　　刷：北京新华印刷有限公司
开　　本：880mm×1230mm　1/32
印　　张：5.5
字　　数：142 千字
版　　次：2024 年 12 月第 1 版
印　　次：2024 年 12 月第 1 次印刷
标准书号：ISBN 978-7-5075-6093-0
定　　价：60.00 元

版权所有，侵权必究

总　序

　　文化自信体现在一个国家、一个民族对自身所拥有的文化基因的充分肯定和积极推广，是对自身文化生命力和影响力的坚定信心。中华优秀传统文化是文化自信的重要来源。

　　任何一个文化大国的崛起，既要有对本民族传统文化的自觉自信，还要有博大的胸怀，去包容、理解、关注并善于学习其他民族的优秀文化，会通以求超胜。这是当今时代赋予我们的机会和使命。

　　中华传统诗歌，在域外古今通行的名称曰"汉诗"。域外研究和创作汉诗，始于汉诗东渐，迄今约已两千年之久。汉诗文化输出后，或多或少融入域外本土文化，在亚洲文化圈及诸多国家形成了独特的中国文化情结。这一特殊的文化现象，在世界文化交流史上有着重要的研究价值。钟情汉诗乃世界各国汉学家与汉诗诗人的共同爱好。这一爱好从历史上看，同中国与其他友好国家的文化情谊一样久远，可谓"异域知音代有人"。

　　我们编辑出版的这套"域外诗谭译丛"系列，是由国际儒联支持，叶嘉莹先生主编、陈斐执行主编，华文出版社组织高校古代文学与中外比较文学领域文化名家、学者共同编译的反映异域"知音"所思所想的读物。该系列精选10种来自日本、美国、英国、加拿大的著名汉学家撰写的中国古代诗人传记性研究论著，由海内外有影响力的知名译者进行翻译。本套译丛旨在传播海外著名汉学家的研究成果与思想精华，推动海内外诗词文化研究的交流互鉴。

中华民族很早就洞察到了"和实生物，同则不继"的道理，以开放、包容的心态积极借鉴、吸纳外来文明成果，这是中华文明绵延不绝、永葆生机的奥秘所在。仅就诗歌而言，隋唐之际，伴随着丝绸之路上的声声驼铃而来的西域诸民族音乐，在中原流行开来，促成了"燕乐"的繁荣，催生了"词"这一崭新的文体。五四新文化运动的宁馨儿"新诗"，更是在对外国诗白话译作的揣摩、效仿中成长起来的。今天，中小学课本选录了不少外国文学作品，域外诗人佳作已经像李白《静夜思》那样，深深融入并塑造了中国人的思想内核与情感结构：雪莱"冬天来了，春天还会远吗"的希冀，不知温暖了多少身处逆境的中华儿女；普希金"但愿上帝保佑你，另一个人也会像我爱你一样"的忧伤，不知引起了多少炎黄子孙的共鸣。

同样，中华文明的优秀成果，特别是诗歌名篇，很早就走出国门，为世界各国人民所欣赏。20世纪英美诗歌的重要流派——意象派，就深受中华诗词影响。唐代诗僧寒山，也被很多美国文艺青年奉为精神偶像。近代以来，为了满足本国读者了解中华伟大诗人的需求，海外汉学家撰写了不少传记性著作，本译丛所选即是其中的精品。虽然由于语言、文化及时空的隔阂，它们难免存在误读、疏漏、过滤或偏见，但基本呈现了诗人的生平经历、诗歌成就及人格魅力。而且，也正因为汉学家具有天然的"异域之眼"——文化背景、学术传统、批评语境、问题意识、社会期待等都与中国学者有异，所以他们更容易提出令我们耳目一新的观点，这不仅实现了中华伟大文学经典"意义的增殖"，也推动了中华文化走向世界、融入世界的潮流。现在，我们把这些"陌生的熟人"择优翻译回来，一方面期望"他者镜像"能够促使我们更好地认识"自身面目"，另一方面也期望为"自身"发展，特别是传统文化现代化、当代文艺研究与创作，提供有益的启示。

目前，人工智能技术使信息获取、交流变得空前便捷，但也有可能使人困于"茧房"而不自觉。算法究竟是升起一道道的"硅幕"，还是架起一座座的桥梁，全看人类的选择。真实的"丛林"，不只是弱肉强食，更有共生互助，否则无法存在。人工智能高速迭代的风险，警告人类比任何时代都要沟通包容、团结互助，但世界依旧冲突频发、干戈不息。

"山川异域，风月同天"，诗和远方是人类超越时空、跨越国度的共同向往，希望这套展现了中华文明永恒魅力、凝聚了多国人民"知音"之谊的译丛，能够促进人类的交流与合作，为世界带来更多的和平与幸福！

目 录

前　言　001
第一章　诗人与仕宦　001
第二章　文学理论　027
第三章　活法　049
第四章　虚幻与现实　073
第五章　人世间　080
第六章　自然界　104
第七章　摆脱哀怨　144
第八章　后代　156
参考书目　159

前　言

　　杨万里写诗的时代至今还未引起当代西方文史学家的广泛关注。尽管有大量书籍和资料致力于研究十世纪以前的中国文学，但是唐代以后用古汉语书写的文学作品仍然存在很大的挖掘空间。作品体量巨大无疑是导致西方学者忽视这一时代的一个原因，但一个更重要的原因是许多古汉语学者的尚古心态。人们普遍认为中国文化在唐代以后就停滞不前，然而西方学者很快会发现，唐代以后的中国文学实际上并不比中古代时代以前及中古时代早期的文学逊色。

　　杨万里所处的十二世纪是中国文化最为多产的时期之一。在哲学领域，朱熹完成了对理学思想的整合，对此后直至近代的中国思想产生了巨大的影响。中国的书法、绘画艺术进入了最辉煌的时期之一，从日本到东非海岸，人们都在争相模仿中国的陶艺品。一种新的诗歌形式——词——得到完善，白话戏剧和短篇小说也在逐步发展。所有这些文化领域的创新都离不开当时前所未有的经济增长和科学进步。

杨万里诗歌的发展并非孤立于这些新兴文化之外，我们也一直在努力将杨万里极具原创性的诗歌与他所处时代的创新精神联系起来。虽然一些现代评论家倾向于形式化的（formalistic）分析方法，将作者所处的文化环境最小化，但我们认为最好的分析方式是将杨万里的作品置于十二世纪中国的知识和艺术背景中。在这个时代的背景下，杨万里不仅仅是一位诗人，他还经常将自己的文学追求与积极的政治活动、宗教和哲学思考，以及视觉艺术作品创作相结合，有时候甚至会在自然科学或医学方面进行原创性研究。

本书不仅研究了杨万里诗歌与同时期文化现象之间的关系，而且本书的整个诗歌研究路径也深受中国传统文学批评的影响。读者会发现，我们很少使用现代西方文学评论工具，因为我们坚信杨万里所处的文学传统中的批评方法和概念术语对研究中国文学更有帮助。因此，读者也会发现，我们经常使用禅宗术语来分析杨万里的作品，这不仅是因为杨万里深受禅宗哲学的影响，也因为他所处时代的大多数评论家在他们自己的作品中也使用了禅宗话语。我们发现，研究杨万里的"活法"比分析他的诗歌"意象"更有成效。研究古印度梵文和伊斯兰阿拉伯文学传统的学者正在逐渐转向本土的批评理论，以阐明各自文化中的文学产物。我们认为，研究中国文学的学者也必须遵循类似的研究路线。

所有想要研究杨万里诗歌的学者都应该感谢当代学者。虽然对中国诗歌入门研究者来说，周汝昌的《杨万里选集》可能只是一本诗歌选集，但对严肃学者来说，它包含了大量宝贵材料。由于现代中国的思想冲突问题，周汝昌的入门研究在某些方面存在局限性，但他对所选诗歌的注释是其他学者效仿的典范。我们严格遵循了他对诗歌晦涩之处的阐释，如一些典故和难以理解的语言。虽然我们翻译的一些诗歌在周汝昌的选集中找不到，但他的这本书基本上收录了杨万里各个类型的最优秀的诗作。因此，本书中翻译过的很多诗歌都可以在周汝昌的选集中找到。

由于本书包含了大量杨万里的诗歌以及与其作品相关的评论的译本，我们应该对中文文本的英译方法稍加说明。任何熟悉中国古文的人都深知这门语言的难度，也知道一段话可能会出现多种合理的翻译。一般而言，我们尽量按照字面意思翻译，而不通过英语过分歪曲原意。读者可能会对诗歌译文采取的口语化英译感到有些惊讶，但我们认为，为了准确传达杨万里诗歌给读者的感受，这种风格很有必要。

我要感谢不列颠哥伦比亚大学叶嘉莹教授、李祁教授和蒲立本教授（E. G. Pulleyblank），他们不仅指导了我的博士论文，还帮助我检查了本书的大部分翻译。同时，我要感谢戴密微教授（P. Demiéville），他在我翻译杨万里的文学理论时为我提供了诚挚有用的建议。但是，如果本书在翻译和解释中有所纰漏，所有错误由我自己负责。此外，我非常感谢加拿大理事会在我编写书籍的过程中为我提供资金支持。

施吉瑞 J. D. Schmidt

1976 年

说　明

　　书中各章节所引杨万里诗词的参考信息如下。尾注中第一组数字表示该诗歌在《四部丛刊·诚斋集》中所在的卷数和页码,第二组数字表示在《四部备要》中所在的卷数和页码。如出现第三串数字,则表示该诗歌在周汝昌《杨万里选集》一书中所在页码。本书总体遵循《四部丛刊》版本内容,如采用其他版本,则会特别注明。

年　表

1127 年　杨万里出生于江西吉水，宋朝政府受金人逼迫而南迁
1154 年　进士及第，获第一个官职
1161 年　结识宋朝将领张浚
1163 年　抗金失败
1164 年　杨父去世，服丧三年
1170 年　任奉新县知县
1171 年　提拔至都城杭州中央政府任职
1174 年　辞官归乡
1178 年　任常州知府
1179 年　出任广东官职
1181 年　广东平乱
1182 年　杨母去世，服丧三年
1184 年　再次被召入中央政府
1188 年　冒犯皇帝，被贬任江西地方官
1189 年　又一次被召入中央政府
1190 年　与皇帝发生冲突，被贬任地方官
1192 年　辞去官职，返回吉水老家村庄
1206 年　宋金开战，杨万里同年逝世

第一章　诗人与仕宦

一、动荡时代中的青年岁月

杨万里于 1127 年生于今天的江西省吉水县。南宋许多伟大的诗人都出生于这一时期，杨万里比陆游（1125—1210）小两岁，比范成大（1126—1193）小一岁。尽管杨万里的家族并不以务农为业，但是其背景仍很低微，这是因为他的先祖中没有一位担任过当地哪怕最低的官职。①

在杨万里出生前的几年中发生了一些政治事件，这些事件对中国接下来的两百多年历史产生了灾难性影响。从王朝初期两位皇帝相对富有成效的统治期开始，宋朝就经受了来自契丹人从中国北部草原和沙漠地区发起的不断冲击。改革者和保守派之间长期的党争又削弱了中央政府的活力。北宋最后一位有影响力的皇帝宋徽宗（1100 年—1126 年在位）是一位杰出的画家，他以兴助文艺事业而闻名，在政治领域却完全陷入无能的境地。为满足宫廷奢侈活动，他征收了高额税收，这成为引发一系列民众起义的部分原因，而这些起义又进一步损害了帝国权威。对宋朝来说幸运的是，契丹方面的统治当时也同样处于低潮，就像宋徽宗对绘画的痴迷一样，其最后一位皇帝陷入了对猎鹰的痴迷。

而在这个时期趁虚而入的是一个新的鞑靼民族，即女真族，彼时他们还没有被文明世界的各种艺术"侵蚀"。1114年,他们在进攻契丹大获全胜后,他们的领袖宣布自己为全新的金王朝皇帝。宋徽宗听说金战胜了契丹,非常高兴,他认为自己现在有了一个盟友来对抗契丹这个宿敌。1120年,宋朝和金朝签订了一项条约,约定两国一起夹击契丹。到1122年,契丹皇帝被迫撤离首都,宋金两国急切地瓜分了契丹的领地。然而,在针对契丹的军事活动中,金朝将领们注意到了宋朝军队那几乎令人难以置信的疲软。因此,1125年,金朝对宋朝发动了毁灭性的打击,随后占领了宋朝首都,俘虏了皇帝及其大部分皇室成员。北宋王朝不复存在。

此时,金朝迅速征服了宋朝北方,并扶立一个宋朝官员作为傀儡皇帝。与此同时,宋徽宗的第九个儿子在南京登基,开创了南宋王朝。虽然我们对杨万里的事迹知之甚少,但可以肯定的是,他的家族除了间接地受到增税和财政混乱局面所带来的影响,几乎没有为这一时期的动乱所扰。江西省远离战火,杨万里不像诗人辛弃疾(1140—1207)那样经历过被迫离开北方家乡的痛苦,[②]也不像陆游那样经历过颠沛流离的生活。陆游出生在江苏省的淮河岸边,而那里是赵宋王朝主要的战场之一,他后来总结自己的童年经历时写道:"儿时万死避胡兵。"[③]杨万里虽然在贫困中长大,但他并没有遭受过战争的创伤,这在一定程度上解释了为何他与许多同时代人相比有着更加乐观的人生态度。

二、早期仕途

尽管杨万里相对贫穷,但他从小就接受古典教育。1154年,他在仕途上取得了第一次成功,于二十八岁时在科举考试中考取进士。诗人范成大也在同一年考中进士,他们很可能在这个时候结下了友谊。按照当时的惯例,杨万里考中进士后在地方政府中被授予官职,于是他第一次离开家乡前往赣州担任了三年的司户参军。④赣州在吉水以南不到一百里的地方,所以他可以很方便地回家看望他的父母。

赣州三年期满之后,依照惯例,杨万里被调任到零陵县做县丞。这是一个稍高的职位,但并没有给他带来突然而至的名声和财富,这时的杨万里居住在远离家人的湖南省西南部。然而,他在零陵县的三年是他政治和文学生涯中最重要的三年,值得我们充分关注。在1161年,杨万里一生中最重要的一件事是他与宋朝名将张浚(1097—1164)的会面,但要想完全了解这次会面对杨万里的影响,我们必须先回顾南宋早期的历史,并解释张浚如何在1161年的时候来到偏远的湖南。

虽然宋高宗在1127年登基,但是金人并不打算让他好过起来。在最初收复华北失地上取得了一些成功后,宋高宗很快就受到了绥靖派官员的影响。金朝把宋朝的这一新政策当作软弱的表现,转而继续加紧进攻,迫使宋高宗向南撤退得越来越远,直到最后出海逃命。就在南宋行将崩溃的时候,一批将军挺身而出,他们做出了一系列出色的军事努力,从而挽救了这个王朝。其中最著名的是岳飞(1003—1142),他分别在1133年和1134年成功击退了敌人的军队。随后在1135年,将领们自信满满地向宋高宗请愿,请求从蛮族手中夺回宋朝的北部疆域。

而宋高宗犹豫是否准许他们的请愿,因为他现在已经完全被主和派宰相秦桧（1090—1155）所迷惑（fallen completely under the spell），秦桧建议立即与金朝签订和平条约。历史学家们一直在猜测在这一关键时刻高宗退缩的动机是什么。而并非不可能的情况是，他没有真正想收复北方，因为大宋方面的胜利会迫使金朝方面放还之前被俘的皇帝，而高宗意识到一山不能容二虎。

然而，宋高宗在一段时间内仍需要依赖他的这批新将领，因为江南一带土匪（banditry）猖獗。将领们又转而出征去消灭土匪，他们希望南方地区的和平能为收复北方奠定基础。但最令人惊叹的进展是，肃匪之后岳飞对金朝发动的反攻。1140年，岳飞北上，连续击败了敌军，直到最终他率军在北宋都城附近驻扎。然而同年，代表主和派的秦桧命令岳飞停止进军。1141年，岳飞被召回到南宋都城，并在秦桧的鼓动下被杀害。同年，秦桧怂恿宋高宗签订了南宋历史上最屈辱的条约之一，该条约规定南宋每年向金朝支付巨额赔偿，并要求承认金朝的地位在南宋之上。

在秦桧掌控宋朝朝廷的十五年里，大多数名将遭受陷害，官员中的主战派也很快遭到清算。事实上，在这些清洗之后，唯一留下来的名将就是张浚。在1161年杨万里见到他时，他已经是一位老人。张浚之所以能够幸免，可能是因为他不属于那些更富锋芒的宋朝将领之列，但即便如此，在宋高宗统治期间他一直受到监视。当张浚想回家乡四川吊念母亲时，他引起了主和派的怀疑，这迫使他转去湖南。在那里他可以吊念他的母亲，同时也可以和他在四川的支持者保持住一种令朝廷放心的距离。

当杨万里听说身边住着这样一位名人时，便渴望能见到张浚。因为这位老将军虽然暂时失宠,但他仍是一位有影响力的人,其对一位年轻有为的官员来说是有益的。然而,张浚并不轻易见拜访的人,因为他斩断了一切与门外世界的联系。事实上,杨万里曾三次亲自到将军家拜访,但都没能见到他。直到杨万里给他写了几封信,张浚才同意见见这位年轻的地方官员。杨万里对他所见到的这个人的印象极为深刻,对他的尊重超过同时期任何一位政治人物。在他们的谈话中,张浚以"正心诚意之学"勉励杨万里。杨万里由此将自己的书斋改名为"诚斋",他在后世为人们所熟知的正是"杨诚斋"这个名字[⑤]。除学习上的勉励之外,张浚还向杨万里强调了当时中国政治形势的严峻性。尽管我们并不了解杨万里之前的任何政治观点,但是从那时起,他就坚定地站在坚决抗击金人的阵营中。

在这个时期,对杨万里的政治观点影响最大的就是张浚,而杨万里的文学活动则受到了他在零陵时期结识的另一位朋友的影响,他就是南宋杰出的诗人萧德藻(约1147年)。杨和萧二人都担任小职务,尽管萧德藻在1162年不得不离开零陵,杨万里在后来的岁月里以极富柔情的方式写到了他们的友谊。据杨万里说,他们第一次见面时就谈到了写诗:

> 余初识之于零陵,一语意合,即襆被往其馆,与之对床。时天暑,东夫诘朝欲早行。五鼓,东夫先起,吹灯明灭,搔首若有营者。余亦起,视之,盖东夫作诗一章以赠余别也。余即和以答赋,东夫喜曰:"定交如定婚,吾与子各藏去一纸。"[⑥]

我们无法确定杨万里到这个时候已经写了多久的诗，而且这一点我们永远也无法得知，因为他在1162年烧掉了一千多首早期作品，以及其他一些未完成的文字残篇。而他所有幸存传世的诗歌都是在那次焚烧之后创作的。⑦在1162年之前，杨万里在仿效江西诗派方面展现了他的诗歌才能，而这个江西诗派是北宋诗人黄庭坚（1045—1105）所在时形成的。我们不可能复原杨万里和他的新朋友萧德藻之间的文学对话，但很可能的是萧德藻对杨万里最终拒绝江西诗派那种刻意雕琢的风格特点产生了很大的影响。后来的杨万里也后悔过烧毁自己年轻时的作品，但这一行为寓示着他在零陵期间发生的巨大变化。

三、未实现的抱负

1162年，宋高宗退位，将皇位禅位给他的儿子，他的儿子随即成为下一任皇帝即宋孝宗（1162年—1189年在位）。听到宋高宗退位的消息，杨万里定是满怀期待——因为这位新皇帝与他父亲的性格截然不同。而宋军最近在一场与金兵的战争中大获全胜，使孝宗认为终于有希望夺回帝国的北部疆域。最重要的是，重新获宠的将军张浚向中央朝廷大力举荐了杨万里，于是杨立即动身前往京城。

与此同时，进攻的计划迅速发酵。被任命为统帅的张浚指派两名将领率军队北进安徽。尽管取得了初步胜利，但两位将领之间纷争不休。1163年5月，金兵趁乱在符离（今江苏省）重创宋军。张浚立即被降职，反攻之势陷于停顿。

杨万里在前往京城的途中听说了这一系列惨况，很快便意识到封官晋爵的希望完全破灭。然而，他继续前行，最终在年底到达了首都临安（今杭州）。张浚显然被降职，但他仍在朝中担任公职，并极力举荐杨万里。杭州是当时世界上最大的城市，人口超过一百万。而杨万里不喜欢大城市，哪怕目睹了精彩纷呈的新年庆典，他也没有写下任何相关的诗文。不过，他确实和刚结识的朋友们一起游览了当时首都周围一些才子必去的著名景点。在游览西湖时，他写道：

烟艇横斜柳港湾，云山出没柳行间。
登山得似游湖好，却是湖心看尽山。⑧

由于张浚的提携，杨万里于1164年元月里在朝中做了个小官。但他命里并无高官之运。元月十五来临之际，他收到父亲病重的消息，即刻踏上了回家的路。到家时，父亲已经去世，于是他居丧守孝三年。父亲过世几个月后，得知恩师张浚也在他离开京城后去世了，他的悲痛更是雪上加霜。他显然也意识到自己未来的仕途一片黯淡，但无论如何，在三年服丧结束之前，他不能担任任何新的职务。

1167年新年前后，杨万里回到杭州，却发现政治局势与张浚全盛时期完全不同。将军失宠虽没有导致亲战派遭到暴力铲除，将领们对金国威胁的警告却未被孝宗皇帝重视。接下来的四十来年，宋、金只是表面上处于和平状态。即便如此，宋朝的仁人志士还是无数次上书，请求发动攻势。不过，杨万里也从与他在京城结识的一位小官口中得知了上书的结果，于是写下了《跋蜀人魏致尧抚干万言书》：

> 雨里短檠头似雪⁹，客间长铗食无鱼⑩。
> 上书恸哭君何苦？正是时人重子虚。⑪

杨万里很快意识到，在首都目前的形势下他没办法在朝中任职。即便如此，他还是留在当地直到那年秋天，同时也与友人们讨论着局势。对朝政失望的他对禅宗产生了愈加浓厚的兴趣。因为在他同时期的诗作中，其更加频繁地涉及禅宗内容。在一首写给友人的诗中，杨万里写下"僧房问答狮子吼"。⑫这是对临济宗教学方法的具体援引——僧人用一些含糊的表述来回答弟子的问题，以此打破他们固有的理性思维惯性。临济宗的大师经常对弟子们大声"吼叫"，有时甚至用棍子抽打他们。当杨万里终于返回吉水故里时，他已深陷忧郁之中，开始感到仕途地位和佛学开悟都遥不可及，于是写下了"选官选佛两悠悠，元不关人浪自愁"⑬这样的诗句。

在接下来的两年里，杨万里一直待在吉水，于此期间会友与写诗，并等待着机会。虽已年过四十，可他在文学和政治上都未有建树，而当他的视力开始下降时，他感到烦扰不安。于是写下《老眼废书有叹》一诗：

> 老矣书无分，居然眼有花。
> 墨兵非死友，绿醑且生涯。
> 雪后霜逾劲，吟边帽只斜。

小儿知我懒，夜诵故喧哗。⑭

四、重回仕途

许久后，杨万里的才能终于得到了认可。1170年年初，他被任命为奉新县知县，该县位于吉水以北一百多英里。据他的传记作者所说，他是对当地百姓采取宽松政策的模范知县。若百姓欠下赋税，杨万里不会指派捕快到乡下强制征收，而只是将欠税户的名单公之于市。当然，我们确信每户后来都及时补缴了欠税。不过，杨万里并不喜欢他的新工作，因为他发现这份工作耗时费力，甚至干扰了他的写作。在忙忙碌碌巡查当地的途中，他写下《过西山》这首诗：

　　一年两踏西山路，西山笑人应解语。
　　胸中百斛朱墨尘，⑮雨卷珠帘无半句。⑯
　　殷勤买酒谢西山，惭愧山光开我颜。
　　鬖丝浑为催科白，尘埃满胸独遑惜。⑰

杨万里不想继续在这些地方职位上来回辗转，他显然志在首都。为了获得关注，他尽心尽力地准备了一部包含三十章的长篇政论——《千虑策》。他的这次努力没有被埋没在京师的大量尺牍文案之中，相反，宰相对他的作品印象深刻。于是，在1170年10月，他被任命为国子监博士，并立即动身前往杭州。

杨万里的政论虽没有什么引人瞩目的新奇之处，但这部作品

也绝非为了结交声名显赫之人。在《民政》一章中,杨写道:

> 臣闻:民者国之命,而吏之仇也;吏者君之喜,而国之忧也。天下之所以存亡,国祚之所以长短,出于此而已矣。且吏何恶于民而仇之也?非仇民也,不仇民则大者无功,而其次有罪。罪驱之于后,功唉之于前,虽欲不与民为仇不可得也。⑱

做完一般性论述之后,杨万里着手将他的思想应用到宋朝最近发生的事件中:

> 闻之道路,往岁梆寇之作,亦守臣和杂行之不善之所致也。⑲尝有以告陛下者乎?天下皆知朝廷有意罢此等之役矣。虽然,臣犹有闻焉:江西之郡,盖有甲郡以绢非土产而言于朝。乞市之于乙郡者。此何谓也?民所最病者,与官为市也。始乎为市,终乎抑配,是以圣人谨其始也。今乙郡之诸邑已有论税者之高下而科之者矣,无一钱偿民也。民之不愿者,官且治之,名为督责之正租,实为邻郡之横敛。且有所谓"和买"者,⑳已例为正租矣;又有所谓"淮衣"者,㉑亦例为正租矣;今又有求邻郡之绢。是三者之绢与正租之绢为四倍而取之矣,民何以堪!而吏不以闻。㉒

杨万里的政治主张既不能让他在朝中获得支持,也难以让他与腐败的地方官员通好。因此,在1171年元旦过后不久抵达杭州时,他立即被卷入了首都政治漩涡中。那年,孝宗皇帝极力让其驸马担任军中要职,这让众人哗然,因为许多官员认为此人极度无能。反对皇帝此次任命的一方力量主要团结在杨万里恩师张浚的儿子——张栻身边。张栻在朝堂上猛烈抨击皇帝的最新任命,因为他觉得皇帝的驸马只会让南宋的军事状况变得愈加混乱。后来,张栻被贬为地方官,而杨万里挺身而出为其辩护。据杨万里的传记作者说,杨万里的勇敢行为为他在朝廷中赢得了极大的钦佩,因而皇帝决定把他晾在一边,而不是进一步激起公愤。

杨万里在朝廷又度过了平淡无奇的两年,随后在1174年,他被任命为福建的漳州知府。不过,他对这个新职位并不满意,就又回到了吉水。如此一来,杨万里对官场生活越来越不抱幻想,很可能他也同时渴望从繁重的公务中解脱出来得到片刻的休息。在他隐退的两年里,他一边写诗,一边从事园艺。他特别喜欢他回到吉水的头年里所建造的小书斋——一个名叫"钓雪舟"的亭子。他写下了《钓雪舟倦睡》一诗:[23]

予作一小斋,状似舟,名以"钓雪舟"。予读书其间,倦睡,忽一风入户,撩瓶底梅花极香,惊觉,得绝句。

小阁明窗半掩门,看书作睡政昏昏。
无端却被梅花恼,特地吹香破梦魂。[24]

这段闲适的时光也让他得以深入研究禅宗,对其的钻研程度仅次于诗歌创作。他还给一位在广东任职的老友寄出了一首诗,诗中这样写道:"故人一别恰三年,谁与论诗更说禅。"㉕杨万里已经开始摒弃书生传统的书卷气,这种态度与禅宗的理念是协调一致的。在一首题为《读书》的诗中他写道:

> 读书不厌勤,勤甚倦且昏。
> 不如卷书坐,人书两忘言。㉖
> 兴来忽开卷,径到百圣源。
> 说悟本无悟,谈玄初未玄。㉗
> 当其会心处,只有一欣然。
> 此乐谁为者,非我亦非天。
> 自笑终未是,拨书枕头眠。㉘

五、顿悟

杨万里闲适的日子很快就结束了。1178 年 4 月,他从吉水出发,到江西漳州去任知州。在赴任新职位后,他忙于案牍工作和其他琐事,几乎没有时间写诗。事实上,当杨万里到达漳州时,他已经深陷于精神危机和文学危机之中。他清楚地意识到,高官显位已永不可及,所以他唯一能引以为傲的只有他的诗作。此时杨万里已年逾半百,虽然他已经写下不少佳作,但仍然算不上是个大诗人。更甚的是,当年的诗圣杜甫(712—770)在五十八岁时就去世了。

不过,危机经常导致突然的"转变"(conversions),杨万里也不例外。1178年年初，他有了一次与僧侣顿悟极为类似的经历。此次经历极为深刻，且事发突然。他说："戊戌三朝，时节赐告，少公事，是日即作诗，忽若有寤……试令儿辈操笔，予口占数首，则浏浏焉无复前日之轧轧矣。"㉙

杨万里的诗歌创作经历了一次深刻的觉醒，因为他在1178年这一年所写的诗比之前八年作品的总和都多，而这股几近喷涌之态的创作才思是在他忙于地方政务的时候迸发的。在开悟后不久，杨万里在一首题为《晚饮》的诗中描述了那种他在创作时从未有过的轻松感：

> 旋旋哦诗旋旋抄，一樽野蔌更山肴。
> 春风略不扶人醉，月到梅花最末梢。㉚

杨万里的诗歌顿悟在他的禅宗顿悟之后，正如我们已经看到的那样。尽管这里去猜测1178年时的杨万里处于何种精神之境界的做法过于冒险，但应该说的是，他的诗歌顿悟只是他整体精神顿悟的一部分。虽然他没有以那种纯粹的佛教口吻写下任何突然觉醒之类的文字，但在他同年写下的另一首诗《休日清晓读书多稼亭》中描述了一种类似佛教的神秘体验：

> 携家守荆溪，忽忽已一期。
> 官舍非不佳，怀抱长鲜怡。
> 若非僮仆病，定复儿女啼。
> 昔贫叹不饱，今愁岂缘饥。

> 晨起袖书册，急登亭上嬉。
> 露痕尚星月，风气无窗扉。
> 顿觉老病身，不禁绨绤衣。
> 昨暑何可度，朝凉乃尔奇。
> 白鸟远如蝶，玄蝉哦似诗。
> 松色雪我神，荷香冰我脾。
> 忧乐忽安在，形骸亦俱遗。
> 稚子不解事，朝餐呼我归。㉛

其中杨所说的"老病身"是佛教所说的那个会经历年老，遭受疾病，而最终走向死亡的身体。杨万里在一闪而过的直觉中离开了他的身体，超脱了凡俗哀乐。

而杨万里的孩子们把他从开悟的状态中唤醒，回到现实的琐事上——吃早餐便是其中之一。这表明他的精神追求还是受制于世俗的考量。而对禅宗弟子来说，真正的开悟在于觉察到幻觉和现实是相同的，认识到世俗的生活与开悟的生活也是相同的。禅宗的理想人物，实际上也是大多数其他中国佛教思想流派中的理想人物，就是传奇人物的维摩居士。他虽是一个完全行走在现实世界里的富商，但他对佛教教义的理解比佛陀的僧侣门徒更加丰富。佛陀的僧侣门徒沉浸于持续的冥想和禁食之中㉜。正是在这一时期，杨万里悟出了维摩理想的真谛，在《近节》一诗中，他写道：

> 节里非无事，忙中自有闲。

> 因风烦白鸟，折简唤青山。
> 诗卷一两册，斋房三四间。
> 兴来长得句，却道在尘寰。㉝

在杨万里的情况中，他的闲暇就是他的工作，他的工作也就是他的闲暇；他既在尘世之中，又在尘世之外。

六、后期生涯

1179 年，杨万里在漳州的闲适生活结束了。该年，中央朝廷通知他被派到广东的一个新的地方任职。他便先回家探亲，而后在 1180 年元旦后踏上了朝向广州的漫长而危险的南行之途。到达新岗位后，他不仅很快适应了新环境，还开始探索热带地区的自然景象。其中，最令他愉快的东西当属荔枝，从杨万里诗作中涉及这种水果的诗歌数量来看，品尝荔枝是他广东之行最愉悦的部分之一。在《四月八日尝新荔子》中他写道：

> 一点胭脂染蒂旁，忽然红遍绿衣裳。㉞
> 紫琼骨骼丁香瘦，白雪肌肤午暑凉。
> 掌上冰丸那忍触，㉟樽前风味独难忘。
> 老饕要啖三百颗，却怕甘寒冻断肠。㊱

1181 年，一群匪寇入侵广东，杨万里受命镇压变乱，他平静的地方仕途生活突然间便被打破。而杨万里在受命时极为忐忑，人们也不禁想知道他在参与镇压底层变乱时的感受。因为他在早期作品中曾批评过苛捐杂税,而这种变乱大抵就是为了反抗这类苛捐杂税。尽管如此,此次平乱行动依旧取得大捷,并且这场胜利立即对他的政治生涯带来了裨益。

当皇帝听说他的功绩时,杨万里很快被召回到中央朝廷,并在1181年年底起程前往首都杭州。而他却一直没有抵达首都,这是因为他母亲于1182年去世,那么他就必须先完成三年守孝的丧期。杨万里对母亲的追悼仪式要比早些年前父亲去世时严格得多(much stricter)。他不仅按惯例拒绝了官职,而且在接下来的三年里停止了所有文学活动。当时他已声名显赫,比起默默无闻的青年时代,社会期望他能更尽其所能地去守孝。

1184年,丧期结束。十一月,杨万里被任命为吏部员外郎。在接下来的三年里,杨万里在官僚体系中步步高升。但到1187年年底,他又一次和当局产生龃龉。同年十月,已退位的宋高宗皇帝驾崩,其子孝宗(1162年—1189年在位)将政权移交给无能的太子,即后来的宋光宗(1189年—1194年在位)。宋孝宗则服丧三年。杨万里觉得政府已经太过混乱,于是向宋孝宗提出强烈抗议,还意图辞职,但被拒绝。1188年,杨万里进一步被卷入朝廷纷争。当时,某位大臣向皇帝请愿,对那些已经去世的宋高宗时期的军政典范给予配飨,而杨万里的恩师张浚的名字却被排除在外。这一举动实际上是有意贬辱杨万里所属的主战派。在随后的纷争中,杨万里不仅设法孤立了发起请愿的大臣,而且还将孝宗与当时人们心目中声名狼藉的中国第一位皇帝秦始皇(前259—210)相提并论,冒犯了孝宗皇帝。于是,1188年4月,杨万里被贬为江西南部的筠州做知州。

然而，当杨万里离开京城时，他似乎松了一口气，因为他终于摆脱了杭州那些持续不断的政治斗争所带来的压力。他的筠州之行非常惬意，当最终到达那里时，他大部分时间都在四处游走，欣赏当地的美景。在此期间，他重新燃起了对禅宗的兴趣，并经常把自己比作一位佛教僧侣。在送别一位朋友到京城时，他写下《送曾无逸入为掌故》一诗：

> 吉文江水走玉虹，我家水西君水东。
> 有时相思即命驾，连床夜雨听松风。
> 中间薄宦各分散，南飞鸳鹅北飞雁。
> 朝来驿骑打谯门，有客有客来相见。
> 闻君携家入帝京，椎鼓发船天上行。
> 也能枉辙九十里，来访江西道院僧。
> 诗家两仙宿台省，㊲红药苍苔紫薇影。
> 若问山僧怎么生，日晏莺啼眠不醒。㊳

杨万里希望这个世界能让他安安静静度过余生，但接连而来的政治事件影响了他隐退的计划。1189年2月，孝宗正式退位，让位给太子，即现在的新皇帝宋光宗。六个月后，杨万里被召回京城，任秘书监，并在同年九月时抵达杭州。宋光宗完全是无能的，反倒是皇后试图通过在皇帝和他退位的父皇之间制造分歧来谋取权力。

所幸杨万里无须卷入朝廷的内部斗争。同年12月，他被任命为对金朝的接伴使。因此，他得以离开首都，历经漫长的旅程抵达两国交界处，迎接金朝派来向宋朝皇帝恭贺新年的贺正旦

使。杨从杭州北上的旅程一开始便无比顺利。当渡过长江时,他写下《过扬子江》(其二)这首诗:

> 天将天堑护吴天,㊴不数崤函百二关。㊵
> 万里银河泻琼海,一双玉塔表金山。
> 旌旗隔岸淮南近,鼓角吹霜塞北闲。
> 多谢江神风色好,沧波千顷片时间。㊶

从表面上看,这首诗是在称美一次愉快的渡江之旅,而杨万里显然也意识到,一条他可以轻易越过的江河,也同样可能成为金朝战船的畅通航道。而当他接近金国的边界时,他的愤慨步步升温:

> 刘岳张韩宣国威,赵张二相筑皇基。㊷
> 长淮咫尺分南北,泪湿秋风欲怨谁?㊸

杨万里不是一个情感奔溢的诗人,与许多唐代甚至更早的诗人形成鲜明对比的是,他的诗中很少提到"泪"这个字眼。杨万里的"泪"是愤懑的泪,是为南宋不可饶恕的政治和军事失误而流下的眼泪。刘锜(死于1162年)、岳飞和韩世忠都被南宋开国皇帝身边心狠手辣的宰相秦桧处死了,我们也已经看到了杨万里的恩师张浚将军的遭遇。杨万里心如明镜,清楚地知道谁才是使大半个国家落入金人之手的罪魁祸首。

1190年新年前后,杨万里回到京城,被任命为实录院检讨官,协助编修史书。杨万里的眼泪是对已经退位的孝宗皇帝的愤怒。同年 11 月,所谓的《孝宗圣政》由朝廷史官完成,杨万里被任命为向退位皇帝奉进此作的学者之一。而当孝宗皇帝在名单上看到杨万里的名字时,也非常生气,据传他责问他的儿子宋光宗:"杨某尚在这里,如何不去?"㊹光宗起初佯装不知道,但他的父亲极为恼怒,不但不让杨万里参加奉进礼,还立即把他降为江东转运副使。

面对所有这些事情,杨万里无比镇定,遂起身前往南京。然而,他在那里也未能长留,只因他不久便与中央朝廷产生冲突:朝廷计划在杨万里所管辖的地区发行一种几乎毫无价值的纸币。这种货币在理论上基于铁铸币,但碰巧朝廷本身已下令禁止在杨万里所辖地区流通铁铸币。于是,杨万里拒绝奉诏,这得罪了宰相。1192 年 8 月,他被改派了一个新的官职。于是,他请辞卸任,辞呈获准后,便在初秋之前回到了家乡吉水,此时他已经六十五岁了,不再有意于朝政。退居后不久,他写下《添盆中石菖蒲水仙花水》这首诗:

旧诗一读一番新,读罢昏然一欠伸。
无数盆花争诉渴,老夫却要作闲人。㊺

七、隐退

此后余生,他几乎与世隔绝地住在吉水,偶尔会到附近的乡村走走,也仍然专注于写诗。这最后十四年所写的诗作在杨万里过世后,由其长子整理出版,而他早期的所有作品在此前都已经问世。杨万里充分意识到,自己是那个时代的主要文学人物之一,哪怕年逾古稀的他身体越来越差,他的诗歌创作力却几乎没有衰退。当七十八岁时,他写下《淋疾,复作医,云忌文字劳心,晓起自警》其二:

> 荒耽诗句枉劳心,忏悔莺花罢苦吟。
> 也不欠渠陶谢债,㊻夜来梦里又相寻㊼。

到这个时候,这位老诗人似乎已经完全超越日常世界的纷纷扰扰,进入一种近乎完美的超然境界中。

杨万里之所以心情平静,是因为晚年的他愈加坚定了自己在中年时发现的维摩理想。在他后来的诗歌中,对这位印度圣贤的提及越来越多,而在杨万里晚期的一些诗歌中,也表达了尘世内外的生活哲学。他写下《寄题万元享舍人园享七景闲世界》一诗:

> 要寻闲世界,不在世界外。
> 明月与清风,何朝不相对?㊽

这样的生活方式让他能够以幽默的心境承受最剧烈的痛苦,在《病中复脚痛,终日倦坐遣闷》一诗中他写道:

> 满眼生花雪满颠,依稀又过四双年。
> 谁知病脚妨行步,只见端居道坐禅。

堕扇几旁犹懒拾，捡书窗下更能前。

世人总羡飞仙侣，我羡行人便是仙。㊴

杨万里的病痛显然使他想起了著名的维摩诘示病，因为当一些亲朋好友来看望他时，他写道："摩诘沉疴未易排，文殊一问失妖灾。"㊵《维摩诘经》即《维摩诘所说经》，开篇便是佛陀想派他的一个弟子去看望最近生病的维摩诘。然而，所有的弟子都因为害怕这位圣贤会揭穿自己对佛教哲学知识的不足而不愿前去，于是文殊师利菩萨同意带领他们前往。佛陀、文殊菩萨和众弟子在维摩诘的府邸会面，此次会面演变为一场深入探讨佛教的契机。当这场讨论进入高潮时，文殊菩萨让每位菩萨给出自己对佛教教义的解释。每个人都给出了一个复杂的答案，但轮到维摩诘发言时，他默然无言。这就是禅宗和其他中国佛教徒经常提到的"维摩一默，声如渊雷"。正是对维摩诘真谛的这种认识，使杨万里超然于晚年的烦恼和疾病之上。㊶

尽管杨万里退任隐去，但他仍旧忧心忡忡。自从离开朝廷以来，朝廷一直处于混乱之中。退位的宋孝宗去世后，他的儿子宋光宗对父亲产生了无法遏制的仇恨，拒绝参加任何葬礼。一位名叫韩侂胄（卒于1207年）的权臣利用这个机会密谋反对光宗，并于1195年逼迫宋光宗禅位于下一任皇帝宋宁宗（1194年—1224年在位）。韩侂胄的权力迅速壮大，同时也遭到朝廷中大多数士大夫的反对。他迅速采取行动，将反对他的势力从中央朝廷中全部清除。1195年，韩侂胄曾试图召回杨万里，但杨万里以身体健康不佳为由，巧妙地拒绝了。后来，杨再次拒绝为韩侂胄挥霍国库而建造的私家园林作记庆祝，招致韩侂胄的永久仇恨。

最终，韩侂胄清除了朝廷上所有异己，但由于他未能获得知识分子的认可，因此他觉得巩固自己地位的唯一方法就是开展冒险的军事活动。宋金两国之间已三十多年相安无事。但是，一位南宋使节从金朝回来时报告说，敌国政府已完全混乱，时机已经成熟，可以进攻金朝。1204年，韩侂胄开始大规模备军，准备出兵北方。1205年，韩侂胄再次召见杨万里，而此次杨万里并没有以健康为由婉言谢绝，而是回信指责韩侂胄破坏国家的安定局面。杨万里的回信被韩的朋友们扣下，不过其本身也不大可能影响到朝廷层面的决策。1206年，韩侂胄发动了对金朝的进攻。尽管取得了一些初步成功，但金朝早就参透了宋军的意图，备战得非常充分，很快宋军的汹汹来势就变成了节节败退。而韩侂胄最信任的将军叛逃投敌后，宋朝军队彻底溃败了。

杨万里的家人一直将所有这些灾难性的挫败隐瞒不提，但在1206年5月的一天，一个刚从京城回来的远房亲戚把发生的一切都告诉了杨万里。杨万里的官方传记里提到，这位诗人"恸哭失声，亟呼纸书曰：'韩侂胄奸臣，专权无上，动兵残民，谋危社稷。吾头颅如许，报国无路，惟有孤愤。'又书十四言别妻子，落笔而逝"[32]。虽然这些描绘可能是杨万里的传记作者为突出戏剧效果而运用的夸张手法，但杨万里对韩侂胄的愤怒很可能折损了杨万里的寿命。杨万里一直主张用武力收复华北，但他敏锐地意识到宋朝军事准备的不足和韩侂胄计划攻打金朝的利己本质。无论如何，杨万里对韩侂胄的看法在随后的事件中得到了证实——1207 年，韩侂胄在皇帝的默许下被暗杀。次年，其项上人头被装在特制盒子中送到金朝。

杨万里被安葬在他的家乡吉水，墓碑至今依然保存完好。1208 年，他的长子收集了杨万里退隐后写的诗歌，几年后，杨万里早期的诗集和最后写的一部诗集与杨万里的散文作品一起出版，题名为《诚斋集》，总集中约有 3200 首诗，而篇幅完整的散文作品约有 820 篇，收录在现代的《四部丛刊》中。

虽然杨万里也曾追寻过一份当时任何受过教育的人都希冀的一官半职，但他似乎以极为强烈的道德观念遏制了自己对功成名就、贵显官达的企图心。当从南京的职位上退下来时，他本能拿到万串钱之多，却全部留在了官库，一文不取而归。他在吉水的家非常简朴，并且杨氏三代都没有对其扩建或装修过。㉝一直以来，把某个人描述为一个对腐败政府直言不讳的批评者是儒家偏爱的老套做法，但杨万里的坦率经常阻挫了自己在仕途上的晋升。简言之，杨万里的一生可以说基本符合了奉公守儒的传统理念。

但正如我们所见，儒家思想绝不是指导杨万里生活的唯一哲学，并且他在实现禅宗理想方面也一定达到了接近完美的地步。而在临近去世前的几年，杨万里写下了下面这两句诗：

出处两无阂，世间出世间㉞。

注　释

① 除诗词散文外，杨万里的生平介绍还参考了《宋史·卷433》。此外，还参考了夏敬观年谱中的《杨诚斋诗选注》，《万有文库荟要》（再版，台北，1965年）。胡明珽年谱中的《杨万里诗评述》，《大陆杂志》第9卷第7、8期第51—60页也包含了有价值的信息。周汝昌对杨万里传记式诗歌作的脚注也提供了重要参考。

② 参见罗郁正（I. Y. Lo）《辛弃疾》(*Hsin Chi'i-chi*)（纽约：特威恩出版社，1971年），有关辛弃疾青少年时代的描写在第22—25页。

③ 陆游，《四部备要·陆放翁全集》，65-6a。

④ 文中所有官衔名称均采用 E. A. 克拉克（E. A. Kracke）所著《中国宋代官员头衔英译名》(*Translation of Sung Civil Service Titles*)（巴黎：1957年）中的译法。

⑤ 《宋史》，开明书局，5594-c。

⑥ 《诚斋集》，81-676b。

⑦ 杨万里在他最早的诗集的序言部分描述过焚烧旧诗的细节。参考《诚斋集》，88-672a。

⑧ 2-18b；2-6a。

⑨ "短檠"指还未获得高官要职的寒士所用的矮小灯台。

⑩ 该典故来自战国时期客齐国孟尝君的冯谖。冯谖初为齐国门客时曾遭冷遇，乃弹剑而歌曰无鱼肉可食，意欲回家。

⑪ 指汉诗人司马相如的著名赋作《子虚赋》，该文借虚构人物子虚先生之口，用铺陈华丽的语言描述了楚王猎场的盛景。杨万里借喻南宋时风不务实际，而好此类铺张浮靡文词（4-38b；4-5a；49）。

⑫ 4-39a；4-6a。

⑬ 4-39b；4-6b。

⑭ 4-43b；4-10a。

⑮ 杨万里此句旨在抱怨案牍繁多。古代官府文书用朱墨和黑墨书写。

⑯ 杨万里认为自己被公务缠身，无法作出像王勃"珠帘暮卷西山雨"一样

⑰ 6-55b；6-5b；57。
⑱《养斋集》，89—770。
⑲ "郴寇"是1165年在湖南发动起义的农民起义者们。"和籴"指官府向农民收购粮食以作军粮和官员粮饷，但地方官员常拒付农民粮钱。
⑳ "和买"与"和籴"类似，但交易的是丝绢。
㉑ "淮衣"据称是为驻扎在宋金交界的淮河岸边的军队购买制服而征收的衣绢税。
㉒ 同上，89—771。
㉓ 该诗的题目是根据唐代诗人柳宗元的一首诗中最后一句"独钓寒江雪"命名的。参见柳宗元《四部丛刊·注释音辨唐柳先生集》，43-218a。
㉔ 指美梦。
㉕ 7-72b；8-6b。
㉖ "忘言"是道家和佛家的理想状态。
㉗ 禅宗的基本教义之一：开悟并不是一种特殊、神秘事件。
㉘ 7-72b；8-6b。
㉙《诚斋集》，80—672。
㉚ 8-80b；9-6a。
㉛ 9-88a；10-6a。第二行采用了《四部备要》版本。
㉜ 维摩诘的故事在《维摩诘所说经》可以找到，该经书由E.拉莫特（E. Lamotte）翻译为法文，书名 *L'enseignement de Vimalakirti*（鲁汶，1962）。
㉝ 11-103b；12-3b。
㉞ "绿衣裳"指尚未成熟的荔枝。荔枝成熟后会很快从绿色变为亮红色。
㉟ 在热带气候食用荔枝似可起到清凉消暑的功效。
㊱ 15-143a；16-7a。
㊲ "诗家两仙"可能指杨万里的两位同时代诗人尤袤和陆游。
㊳ 25-236b；27-10a。
㊴ 金人发现无法跨过长江入侵华南地区。"吴"指现在上海所在地区附近。
㊵ "淆函"指函谷关，位于现在河南省，具有重要战略地位。

㊶ 27-255a；29-4a；170。

㊷ 赵鼎和张浚在 1135 年宋高宗时期任宰相，秦桧当权后被迫辞去相位。

㊸ 27-257a；29-5b；175。

㊹ 张端义，《丛书集成·贵耳集》（上海：商务印书馆）45-a。

㊺ 38-368b；39-1a。

㊻ 陶渊明（365—427）和谢灵运（385—433）是南北朝时期最著名的两位诗人。他们是田园诗歌的开创者，因此杨万里对其尤为欣赏。

㊼ 42-402b；42-8b；241。

㊽ 38-359b；39-2b。

㊾ 42-400b；42-6b。

㊿ 同上。

(51)《大正新修大藏经》（简称大正藏），《维摩诘所说经》，第 14 册，No. 475，第 551-c 页。

(52)《宋史》，5595b。

(53) 罗大经，《笔记小说大观续编·鹤林玉露》（台北：新兴书局，1962），第 4 卷，第 5 页、第 2294a 页。

(54) 38-360a；39-2b。

第二章　文学理论

一、禅宗与早期宋诗

在对杨万里政治生涯和个人生活的研究中，我们已经谈到了禅宗对他精神和文学发展的极度重要性。在接下来对杨氏文学理论的讨论中，我们将看到禅宗在杨万里诗歌写作观念的形成过程中发挥的重要作用。尽管佛教确实是启发早期中国诗人的主要思想流派之一，但是要在中国诗歌中界定佛教与诗歌的关系是很困难的，因为中国诗人很少把自己局限于某一种哲学研究之中。当我们面对看似纯粹描写自然的诗歌作品时，困惑出现了，而且情况经常是这样。有佛教思想背景的文学评论家很容易把落梅这样的意象看作反映世俗无常的象征，但他们可能正是从诗作中读到了诗人根本从未想过的东西。早期的中国诗人很少能帮助我们解决这种困境，只有在宋代时，诗人开始创作大量的"诗话"和文学批评类的诗作。通过它们，我们才能很清楚地了解重要诗人们的诗学观念。

虽然禅宗各宗派的创始人都生活在唐代，但禅宗的文学化在宋代达到了顶峰。《景德传灯录》是我们了解禅宗历史最重要的资料之一，其编撰于1004年左右。而使用最广泛的两本公案集

《碧岩录》和《无门关》，分别写于1125年和1228年。即使是唐代禅宗法师们的各种语录也经常被宋代作家重新汇编，而且它们往往在宋代时才最终定型。最重要的是，在宋代，禅宗深深渗透进中国有教养阶层群体的精神文化之中，从而激发了中国文化中许多最优秀的元素。

苏轼（1037—1101）是北宋时期最重要的诗人之一，他深受佛教思想的影响。在赠给禅师的一首诗中，他写道佛教的神秘体验与诗歌创作之间有着密切的联系：

送参寥师

> 欲令诗语妙，无厌空且静。
> 静故了群动，空故纳万境。
> 阅世走人间，观身卧云岭。
> 咸酸杂众好，中有至味永。
> 诗法不相妨，此语当更请。①

苏轼对空与静的强调，以及他认为世界现象背后存有一种最终的统一性（至味）的观点，肯定是受到佛教的启发，而不是禅宗的灵感。然而，当他说"好诗冲口谁能择"时，人们怀疑他的诗学理念受到了禅宗思想的影响。②

然而，直到苏轼后面的一代诗人，禅宗体验才与诗歌创作过程紧密相连起来。苏轼曾反映出禅宗的影响痕迹，但他的学生韩驹（1135年去世）似乎是最早明确表示诗歌学习与参禅相同的诗人之一：

> 学诗当如初学禅，未悟且遍参诸方。
> 一朝悟罢正法眼，信手拈出皆成章。③

此外，据说他还说过："诗道如佛法，当分大乘小乘，邪魔外道，惟知者可以语此。"④韩驹等视写诗与坐禅（Ch'an mediation）的这一做法，比苏轼在各种文献中所说得都更清楚。不过，韩驹对写诗过程中自发性（spontaneity）的强调显然与之前苏轼在这一议题上的阐述有关。有趣的是，苏轼认为韩驹在风格上接近唐代诗人储光羲，一位佛教式的山水诗人。苏轼之后，批评家吕本中（约1119年）将韩驹归入江西诗派，但韩驹本人不同意吕本中的这种划分。韩驹诗论中的禅宗要素（Ch'an elements）似乎证明了他与江西诗派观点不同。⑤

另一位北宋诗人吴可（约1126年）看到诗人的创作过程与禅宗的开悟历程相似，他写道：

> 学诗浑似学参禅，竹榻蒲团不计年。
> 直待自家都了得，等闲拈出便超然。⑥

这里我们再一次看到这样一个理念，即诗歌创作是一种自然的行为，在一个人获得开悟之后，写诗几乎变得毫不费力。

二、杨万里与禅宗

杨万里作为诗人的发展历程与唐宋时期伟大的禅宗大师的精

神发展历程有明显的相似之处。虽然他们最终的开悟通常被看作是突然的，但一般而言，在开悟之前，他们已经在许多大师的指导下认真学习了很久。杨万里最终开悟，写出了不再平庸的诗句，也发展出了一种新的诗歌风格。但是通往开悟的路上他是痛苦的，就像禅宗弟子不得不接受禅师的悖论和没有理由的训斥：

> 予之诗，始学江西诸君子，既又学后山五字律，既又学半山老人七字绝句，晚乃学绝句于唐人。学之愈力，作之愈寡。尝与林谦之屡叹之，谦之云："择之之精，得之之艰，又欲作之之不寡乎？"予喟曰："诗人盖异病而同源也，独予乎哉！"故自淳熙丁酉之春，上塈壬午，止有诗五百八十二首，其寡盖如此。其夏之官荆溪，既抵官下，阅讼牒，理邦赋，惟朱墨之为亲，诗意时往日来于予怀，欲作未暇也。戊戌三朝，时节赐告，少公事，是日即作诗，忽若有窹，于是辞谢唐人及王、陈、江西诸君子，皆不敢学，而后欣如也。试令儿辈操笔，予口占数首，则浏浏焉无复前日之轧轧矣。⑦

我们一次又一次地在禅宗文献中读到类似的经历。灵佑禅师（771—853），沩仰宗的开创人之一，十五岁时离开了他的家庭，花了八年的时间"究大小乘数，游江西参百丈（720—814）。百丈一见，许之入室，遂居参学之首"⑧。同样地，云门宗的开创人文偃禅师（864—949），在他的第一位老师的指导下，对佛教的戒律进行了详尽的学习，后来他在睦州禅师（约875）的指导下突然开悟。⑨

在1166年写的两首诗中,也就是在他诗歌开悟的十多年前,杨万里提到了一些后来在他的诗歌艺术中变得更加重要的思想。虽然这些诗没有什么文学价值,但由于它们体现了杨万里早期的模仿风格,可以作为我们讨论杨万里诗歌理论的基本观念。他写下《和李天麟二首》其一:

> 学诗须透脱,信手自孤高。
> 衣钵无千古,丘山只一毛。
> 句中池有草,⑩子外目俱蒿。⑪
> 可口端何似,霜螯略带糟。

其二云:

> 句法天难秘,功夫子但加。
> 参时且柏树,⑫悟罢岂桃花。⑬
> 要共东西玉,其如南北涯。
> 肯来谈个事,分坐白鸥沙。⑭

虽然这两首诗的中文原文读起来比其英译版读起来更难理解,但它们对理解杨万里的文学理论是非常重要的。在第一首诗的首联中,杨万里说,诗人一旦开悟,即是一种"透脱"状态,他在完全自发的方式(spontaneous manner)中获得了独立风格,因为他现在写诗可以信手拈来,而无须费尽心思。我们已经注意到,杨

万里在开悟后发现创作更加自然,不再依赖于对前辈的模仿。写诗已经变成一种情不自禁的自然行为。他说:

> 自此,每过午,吏散庭空,即携一便面,步后园,登古城,采撷杞菊,攀翻花竹,万象毕来,献予诗材,盖麾之不去,前者未觞而后者已迫。⑮

在诗人开悟之后,诗歌会自然而然地来到他身边,而不需要他任何特别的努力。后来,杨万里在1190年写了一首诗,充分表达了这个观点:

> 炼句炉槌岂可无,句成未必尽缘渠。
> 老夫不是寻诗句,诗句自来寻老夫。⑯

因此,诗人必须经历一个"炼"的阶段,一旦度过认真学习研究的阶段,创作过程就完全可以自发而来。

在我们翻译的两首诗中,第一首诗的第三行中所指的是禅宗的传统,即禅师把衣钵传给弟子,这就意味着让师父的教导传授给一个特别有悟性的学生。最著名的就是弘忍(602—675)把自己的衣钵秘密地传递给六祖慧能(638—713)。慧能是南方禅宗的第一位大师,也是中国后来所有禅宗的精神始祖。与杨万里所说的诗法(method of poetry)不可传相一样,慧能拒绝将他的衣钵传给他的任何弟子,声称"然据先祖达摩大师付授偈意,衣不合传"。⑰佛法的传授是高深莫测的,无法完全通过衣钵的传递就能实现。

第二章 文学理论

根据后来的禅宗传统，释迦牟尼最开始只是给他的弟子展示了一朵花，只有摩诃迦叶领悟了其中意思，并向释迦牟尼轻轻一笑。关于这个故事，宋僧慧开（1183—1260）在《无门关》中写道：

> 黄面瞿昙傍若无人，压良为贱，悬羊头卖狗肉，将谓多少奇特。只如当时大众都笑，正法眼藏怎么生传？设使迦叶不笑，正法眼藏又怎么生传？若道正法眼藏有传授，黄面老子诳呼间阎；若道无传授，为甚么独许迦叶？⑱

慧开同意慧能的观点，认为禅宗弟子不应该依附于任何方法或老师，因为禅宗思想的奥秘不是通过这种方式传授的。

杨万里用禅宗的这种思想来批评在他那个时代非常流行的对早期诗人盲目模仿的现象。杨万里告诉我们，他年轻时如何努力摆脱江西诗派的影响。当时的诗人们热衷于模仿以黄庭坚为代表的江西诗派，杨万里则是少数几个反对这股浪潮的诗人之一。从苏轼开始，宋代诗人已经从欧阳修（1007—1072）和梅尧臣（1002—1060）等早期北宋诗人的自然朴素风格转向更为精雕细琢的风格，其特点是广泛使用文学典故并精心润色诗句，后世的诗人则是盲目模仿唐代诗人杜甫的写诗风格。黄庭坚写道：

> 自作语最难，老杜作诗，退之作文，无一字无来处。盖后人读书少，故谓韩、杜自作此语耳。古之能为文章者，真能陶冶万物，虽取古人之陈言入于翰墨，如灵丹一粒，点铁成金也。⑲

因此，江西诗派的诗歌创作总结成为"以故为新"。对这种文学理念，杨万里反驳道：

> 传派传宗我替羞，作家各自一风流。
> 黄陈篱下休安脚，陶谢行前更出头。[20]

这并不是说杨万里反对所有模仿古人的行为。我们已经看到，他是如何在学习了古人诗歌之后才通向开悟。在学诗的过程中把某个诗人作为自己的榜样这完全没问题，但前提是不去"依附"（attached）于那个榜样与典范。杨万里曾依次学习过江西诗派诗人黄庭坚和陈师道，随后他又转向去模仿王安石。后来，他对王安石的喜欢，超过了对其他北宋诗人。他说：

> 船中活计只诗编，读了唐诗读半山。
> 不是老夫朝不食，半山绝句当朝餐。[21]

然而，如果一个人想要完全开悟，那他就不能依附于王安石，他必须从王安石过渡到唐代诗人：

> 半山便遣能参透，犹有唐人是一关。[22]

甚至应该超越唐代的诗人：

> 受业初参且半山，终须投换晚唐间。

国风此去无多子,关捩挑来只等闲。㉓

《无门关》中写道:"参禅须透祖师关。"㉔因此,杨万里以学习禅师而获得开悟的过程,来类比诗人不断学习前人的诗歌从而获得开悟的历程。但是,模仿前人并不是最终目标,《无门关》进一步告诉我们:

大道无门,千差有路,透得此关,乾坤独步。㉕

当诗人越过前人的屏障,他也将自己从早期的模仿中解放出来,创造了个人风格。正如杨万里解释的那样:"问侬佳句如何法,无法无盂也没衣。"㉖杨万里不愿依附于任何早期的诗体风格,因此他使诗歌写作成为一个不断发展的过程。一旦厌倦了一种风格,他就渴望尝试新的风格。在他的文集《南海集》的序言中他写道:

予生好为诗。初好之,既而厌之。至绍兴壬午,予诗始变。予乃喜,既而又厌之。至乾道庚寅,予诗又变。至淳熙丁酉,予诗又变。……潮阳刘涣伯顺为清远宰时,尝为予求所谓《南海集》四百首者。至再见于中都,伯顺复请不懈,乃克与之。嗟乎!予老矣。未知继今诗犹能变否?延之尝云予诗"每变每进",能变矣,未知犹进否?他日观此集,其羡也乎?其亦厌也乎?㉗

1190年,他在《朝天续集》的序言中写道:"余大儿长孺举似于范石湖、尤梁溪二公间,皆以为余诗又变,余亦不自知也。"[28]在杨万里的作品中,我们看到他永不停歇,永远在努力改变,从不依附于任何前辈或风格。

我们之前翻译的《和李天麟二首》中第一首诗的后两句似乎并没有多大意义,但其实杨万里把诗歌的真味和酒糟煮的霜螯进行了对比,这里借用了唐末评论家司空图(837—908)的"味外之味"这个说法。这一诗歌理论对后代的诗人至关重要,苏轼和其他北宋诗人都对其推崇备至。在《与李生论诗书》中,司空图写道:

> 文之难而诗尤难。古今之喻多矣,而愚以为辨于味,而后可以言诗也。江岭之南,凡足资于适口者,若醯,非不酸也,止于酸而已。若鹾,非不咸也,止于咸而已。中华之人所以充饥而遽辍者,知其咸酸之外,醇美者有所乏耳。彼江岭之人,习之而不辨也宜哉。[29]

后来,在这封信中,司空图称赞李生的诗材,说他"知味外之旨矣"。

而杨万里把司空图的"诗味说"应用到几乎所有的学习活动中:

> 读书必知味外之味,不知味外之味而曰"我能读书"者,否也。《国风》之诗曰:"谁谓荼苦?其甘如荠。"吾取以为读书之法焉。夫食天下之至苦,而得天下之至甘,其食

者同乎人，其得者不同乎人矣。㉚

杨万里还将这一理念应用于特定的诗歌艺术之中：

> 江西宗派诗者，诗江西也，人非皆江西也。人非皆江西，而诗曰江西者何？系之也。系之者何？以味不以形也。东坡云："江瑶柱似荔子。"又云："杜诗似太史公书。"不惟当时闻者吃然，阳应曰"诺"而已，今犹吃然也。非吃然者之罪也，舍风味而论形似，故应吃然也。形焉而已矣，高子勉不似二谢，二谢不似三洪，三洪不似徐师川，师川不似陈后山，而况似山谷乎？味焉而已矣，酸咸异和，山海异珍，而调胹之妙，出乎一手也。似与不似，求之可也，遗之亦可也。㉛

乍一看，司空图和杨万里对"味"的解释有些难以理解，不过杨万里通过对比外在形式（outward form）和意味，让我们获得了一些理解他们的线索与提示。总体而言，杨万里主张"味"比"形"更为重要，和禅宗认为终极真理无法言明、只能意会的观点是相似的。有人可能会提出反对意见，说诗人是语言形式的囚徒，但杨万里强调，诗歌的形式只是一种外在表现，其真正的"味"只能凭直觉而不能被理性解释：

> 夫诗何为者也？尚其词而已矣；曰：善诗者去词。然则尚其意而已矣；曰：善诗者去意。然则去词去意则诗安在乎？曰：去词去意，而诗有在矣。然则诗果焉在？曰：尝食

> 夫饴与荼乎？人孰不饴之嗜也？初而甘，卒而酸；至于荼也，人病其苦也，然苦未既，而不胜其甘。诗亦如是而已矣。昔者暴公谮苏公，而苏公刺之，今求其诗，无刺之之词，亦不见刺之之意也。乃曰："二人从行，谁为此祸？"使暴公闻之，未尝指我也，然非我其谁哉？外不敢怒，而其中愧死矣。㉒

苏公的讽刺在诗的字里行间都看不出来，不过暴公很容易就能"尝"出苏公责难的味道。对杨万里来说，好诗是凭直觉体会的，而不是借助理性分析。

我们在前面翻译过杨万里早期两首文学批评诗中的第二首，其虽然没有第一首诗的内涵丰富，但它的第一句"句法天难秘"源自禅宗的一个重要观念。禅宗强调，佛教的教义没有什么秘密可言，因为一旦一个人揭开了幻觉的面纱，就没有什么神秘可言了。至于释迦牟尼秘密传授佛法给摩诃迦叶，唐代禅师道膺（于902年圆寂）表示："汝若不会，世尊有密语。汝若会，迦叶不覆藏。"㉝佛果禅师（于1135年圆寂）说道："如来有密语。迦叶不覆藏。迦叶不覆藏。乃如来真密语也。当不覆藏即密。当密即不覆藏。"㉞当杨万里突然意识到这点的时候，他写道：

> 涣然未觉作诗之难也。盖诗人之病，去体将有日矣。方是时，不惟未觉作诗之难，亦未觉作州之难也。明年二月晦，代者至，予合符而去。试汇其稿，凡十有四月，而得诗四百九十二首。予亦未敢出以示人也。今年备官公府掾，故

人钟君将之自淮水，移书于予曰："荆溪比易守，前日作州之无难者，今难十倍不啻！子荆溪之诗，未可以出欤？"予一笑，抄以寄之云。㉟

当禅宗临济宗的创始人义玄禅师（于867年圆寂）师从黄檗禅师（大约于850年圆寂）时，他三次询问佛陀教导的真正含义，但每次询问后都被教训一番。但在他完全开悟之后，他对大愚禅师（约875）说："原来佛法无多子。"㊱同样地，在杨万里看来，写诗并不神秘，也不困难。

杨万里认为写诗不困难，这有一个最为显著的证据：他写了大量的诗，超过4200首，仅次于他同时代的诗友陆游。当我们将这个体量与唐代诗人的诗集相比时，这确实是一个令人震惊的数字，特别是当我们意识到当杨万里烧毁自己在1162年之前写的1000多首诗的时候，他那时已经三十五岁。我们看到，在1177年，杨万里非常沮丧，因为在他开悟之前的十五年里，"只"写了582首诗。从那时起，杨万里就非常关注他的诗歌作品的数量，因为在他放弃模仿早期诗人之后，他在短短十四个月的时间里就写了492首诗。杨万里对持续创作的痴迷贯穿了他的一生，在他的第四部诗集《南海集》的序言中，他自豪地写道："予诗自壬午至今，凡二千一百余首。"㊲在1182年至1184年期间，因为悼念去世的母亲，他没有写任何诗。他的长子杨长孺一定注意到了父亲的不安，因为杨万里在《朝天集》（1188）的序言中写道：

  大儿长孺请曰："大人久不作诗，今可作矣乎？"予蹙然曰："三年不为礼，礼必坏；三年不为诗，诗必颓。善，如尔之请也。"是日始拟作进士题。后二十七日，拜除召之命。后十日，就道入京。道途仅仅得二十餘诗，然自觉其扞格不如意，盖哀未忘故也。㊳

  杨万里很快就恢复了状态，因为他在 1190 年写的诗集序言中写道："自壬午至今，凡十七集，近三千首。"㊴

  显然，后世很多评论家并不同意杨万里的观点，不认为开悟的人就能轻而易举地写诗，他们认为杨万里的诗集中诗歌数量过多。清代诗人叶燮（1627—1703）就是典型的代表，他写道：

  诗文集务多者，必不佳。古人不朽可传之作，正不在多。苏李数篇，自可千古。后人渐以多为贵，元白长庆集实始滥觞。其中颣唐俚俗，十居六七。若去其六七，所存二三，皆卓然名作也。宋人富于诗者，莫过于杨万里、周必大。此两人作，几无一首一句可采……由此以观，亦安用多也！㊵

  显然与杨万里同时代的人并不认同只有"杰作"才有意义的观点，因为当杨万里给著名诗人尤袤看他烧掉的几行早期诗歌时，尤袤叹道："诗何必一体，焚之可惜也。"㊶

  "禅"并不难理解，也不神秘，从这个观点我们可以推断出：开悟者的活动与普通人的活动没有实质性的不同。在《无门关》中我们读到："南泉因赵州问：'如何是道？'泉云：'平常心是道.'"㊷唐代白衣居士庞蕴（于808年圆寂）曾写过一首被师父认可的诗："神通并妙用，运水及搬柴。"㊸同样，达到最高境界的诗人不需要在不寻常或深奥的事物中寻找他的思想主题（themes），而只需要在普通的事物中寻觅即可。我们已经看到，开悟之后，杨万里发现仅仅是闲暇时在后院散步，诗句就能轻松地向他走来。诗人不会把自己关在书房里写诗，一场普通的旅行就能提供写诗所需的主题：

> 山思江情不负伊，雨姿晴态总成奇。
> 闭门觅句非诗法，只是征行自有诗。㊹

诗歌不是搜肠刮肚的结果，而是在日常经验中自然产生的，所以理想的诗歌是天真和自然的。很难说对朴素的热爱在多大程度上受到了禅宗或中国更古老的文化倾向的影响，但杨万里本人十分欣赏简单和朴素。这一点可以从杨万里对途中下榻的一家乡村小客栈的典型描述中看出：

> 下轿逢新店，排门得小轩。
> 中间一棐几，相对两蒲团。
> 椽竹青留节，檐茅白带根。
> 明窗有遗恨，接处纸痕斑。㊺

房间里的一切都很自然，除了用纸糊窗后留下的痕斑。

像晒衣服这样一件普通的事，也能让杨万里写出这样的文字：

> 亭午晒衣晡褶衣,柳箱布袯自携归。
> 妻孥相笑还相问,赤脚苍头更阿谁。㊱

在杨万里的时代,很少有官员愿意把自己的形象塑造得跟仆从一个层次,哪怕是戏谑之语也不愿意。杨万里的这首诗却完完全全地表达了这样一个观点:即使一个人生活在完全朴素和自然的环境中,也可以成为一位富有创造性的诗人。

然而,与他同时代的许多人并不赞同他对简约朴素诗风的钟情,而杨万里在年轻时所批评的整个江西诗派则完全反对杨万里的朴素风格。在两首赞美北宋诗人张耒(1054—1114)的诗中,杨万里既批评了江西诗派领袖黄庭坚的诗歌态度,又提出了他的佳作自然论:

> 山谷前头敢说诗,绝称漱井扫花词。
> 后来全集教渠见,别有天珍渠得知。㊲

杨万里的观点是,黄庭坚和其他江西诗派诗人一味赞美某个使用巧妙的短语或字词,但他们无法理解张耒诗歌的"自然天珍"。这两首诗的第一首更清楚地表明,杨万里用"自然"来表达张耒诗歌的质朴:

> 晚爱肥仙诗自然,何曾绣绘更雕镌。
> 春花秋月冬冰雪,不听陈言只听天。㊳

换句话说,张耒从他周围的自然事物中选择主题,而不是从陈旧的书中收集陈词然后用押韵的方式把它们串在一起。

三、 杨万里与严羽

在杨万里之后受到禅宗思想启发的诗人和评论家中,最需要提起的是严羽(活跃于1180年—1235年),他著有极具影响力的文学理论著作《沧浪诗话》。严羽认为杨万里是中国文学中最重要的诗人之一,并将他的诗歌作为中国诗歌的主要风格之一来称许。在描述杨万里的诗歌时,严羽提及了杨万里开悟的过程:"其初学半山、后山,最后亦学绝句于唐人,已而尽弃诸家之体而别出机杼,盖其自序如此也。"[49]

虽然严羽没有提及杨万里文学理念对他的影响,但他们之间有许多共同之处,故不应排除他们之间的直接影响。关于开悟的必要性,严羽说:

> 大抵禅道惟在妙悟,诗道亦在妙悟,且孟襄阳学力下韩退之远甚,而其诗独出退之之上者,一味妙悟而已。惟悟乃为当行,乃为本色。[50]

严羽也赞同杨万里对江西诗派过度雕饰和形式主义的批评:

> 国初之诗尚沿袭唐人……至东坡山谷始自出己意以为诗。唐人之风变矣。山谷用工尤为深刻,其后法席盛行海内,称为江西宗派。[51]

杨万里和严羽的另一个共识是，为了顿悟，诗人有必要研究先前伟大诗人的诗歌作品，"然后博取盛唐名家酝酿胸中，久之自然悟入……谓之顿门，谓之单刀直入也"㉜。

严羽是最早关注盛唐，即唐诗的"黄金时代"的批评家之一。杨万里对晚唐诗人的感佩之情，远甚于严羽对其宗师李白和杜甫的感情。杨万里和严羽在诗歌偏好上的差异并不重要，但这导致了他们对"顿悟"看法上的巨大不同。杨万里认为模仿是允许的，甚至是必要的，但诗人应该把模仿的对象仅仅看作一个门槛。达到一定程度的开悟时，他就可以迈过它。杨万里当然对个别诗人有偏好，但他从未像严羽那样试图将中国文学的诗歌创作归入一个严格的等级制度：

> 禅家者流，乘有小大，宗有南北，道有邪正。学者须从最上乘，具正法眼，悟第一义，若小乘禅，声闻辟支果，皆非正也。论诗如论禅，汉、魏、晋与盛唐之诗，则第一义也；大历以还之诗，则小乘禅也，已落第二义矣；晚唐之诗，则声闻辟支果也。学汉、魏、晋与盛唐诗者，临济下也；学大历以还之诗者，曹洞下也。㉝

杨万里强调，每个诗人都有自己的风格，这是诗人的独特性所在。因此，他十分反感将诗人严格划分为各种派别。他说过："传宗传派我替羞。"㉞

杨万里首先研究了他的同时代人——江西诗派，然后才开始模仿唐代诗人。他这种先学习同时代诗人再学习先前朝代诗人的做法，似乎没有经过特别的设计。但严羽设定了学习前辈的明确的时间顺序，他认为有抱负的诗人应该遵循这个顺序：

> 夫学诗者，以识为主。入门须正，立志须高；以汉魏晋盛唐为师……先须熟读楚词，朝夕讽咏以为之本；及读古诗十九首，乐府四篇，李陵、苏武，汉、魏五言，皆须熟读。即以李、杜二集，枕藉观之，如今人之治经。然后博取盛唐名家，酝酿胸中，久之自然悟入。虽学之不至，亦不失正路。㊸

清代批评家叶燮曾猛烈抨击过严羽的这一观点，而对这一批评杨万里应该也会认同：

> 夫羽言学诗须识，是矣。既有识，则当以汉、魏、六朝、全唐及宋之诗，悉陈于前，彼必自能知所决择、知所依归，所谓信手拈来，无不是道。若云汉、魏、盛唐，则五尺童子，三家村塾师之学诗者，亦熟于听闻、得于授受久矣。此如康庄之路，众所群趋，即瞽者亦能相随而行，何待有识而方知乎？吾以为若无识，则一一步趋汉、魏、盛唐，而无处不是诗魔；苟有识，即不步趋汉、魏、盛唐，而诗魔悉是智慧，仍不害于汉、魏、盛唐也。羽之言何其谬戾而意且矛盾也！㊹

对杨万里和严羽的文学理论进行比较，可以看出两位批评家之间的深刻差别，这有助于更清晰地突显杨万里对中国文学理论的贡献。在杨万里看来，严羽的主要失误并不在于他没有选择正确的师父，而在于他没有超越他的师父，从而始终处于依附地位。严羽不了解禅宗的真正精神，在这个意义上严羽是小乘，而杨万里则是大乘。

注　释

① 苏轼，《四部丛刊·集注分类东坡先生诗》，21，391-a。
② 同上，18，337-b。
③ 韩驹，《陵阳先生诗》，姚埭沈氏版本，1910，1，8-b。
④ 魏庆之，《诗人玉屑》（上海：中华书局，1959），5，122。
⑤ 郭绍虞，《中国文学批评史》，第214页。
⑥ 《诗人玉屑》，1，8。
⑦ 《诚斋集》，80—672。
⑧ 《大正藏·景德传灯录》，No.2076，51卷，第264-b页。
⑨ 同上，第356-b页。
⑩ "池有草"影射谢灵运《登池上楼》中的名句"池塘春生草"。参见丁福保辑《全汉三国晋南北朝诗》（台北：世界书局，1962再版），第2卷，638页。
⑪ "目俱蒿"来自庄子《骈拇》："今世之仁人，蒿目而忧世之患。"参见《四部丛刊·南华真经》，4，69-a。后世对庄子此句有众多大相径庭的阐释，因而也很难判断杨诗中此句的真意。周汝昌认为杨万里旨在说明诗人应该关注现实社会问题。但鉴于两首诗的含义模糊，笔者认为周汝昌的解释难以让人信服，笔者认为杨万里旨在说明诗人对诗歌之外的事物一无所知。
⑫ "（僧）问：'如何是祖师西来意？'师曰：'庭前柏树子。'"参见《大正藏·无门关》，No.2005，第48卷，第297-b页。
⑬ 指志勤禅师看到桃花后悟道。周汝昌认为该典故来自《神仙传》，但笔者

未能找到故事来源。
⑭ 4-34b；4-1a；42。
⑮《诚斋集》，80-672b。
⑯ 29-273a；31-4a；182。
⑰ 参见 P. B. 杨波斯基（P.B.Yampolsky）译，《六祖坛经》（纽约：哥伦比亚大学出版社），第 172 页。
⑱《大正藏·无门关》，293-b。
⑲《四部丛刊·豫章黄先生文集》，19-204a。句中隐喻来自道教炼金术。
⑳ 26-251b；28-13a；165。
㉑ 31-291a；33-1b；187。
㉒ 8-81b；9-7a。
㉓ 35-328b；36-5a。
㉔《大正藏·无门关》，292-c。
㉕ 同上，292-b。
㉖ 38-363a；39-6a。
㉗《诚斋集》，80-673a。
㉘ 同上，81-675a。
㉙ 司空图，《四部丛刊·司空表圣文集》，2，9-a。
㉚《诚斋集》，77-652a。杨万里此处引用《诗经·国风》，第 35 篇《谷风》，第 13 行和第 14 行。
㉛ 同上，79-666b。
㉜ 同上，83-690ab。杨万里此处引用《诗经·小雅》，第 199 篇《何人斯》。杨万里遵循古人传统，将该诗视为有政治寓意。
㉝《景德传灯录》，335-c。
㉞《大正藏·圆悟佛果禅师语录》，No. 1997，第 47 卷，第 782-a 页。有意思的是，杨万里的恩师张浚曾为该书作序。
㉟《诚斋集》，80-672b。
㊱《大正藏·景德传灯录》，290-b。
㊲《诚斋集》，80-673b。

㊳ 同上，80-673b。

㊴ 同上，81-675b。

㊵ 叶燮，《清诗话·原诗》，丁福保辑（北京：中华书局，1963），第二卷，第606页。

㊶ 吕留良等辑，《宋诗钞》（上海：商务印书馆，1935），第3卷，1871页。

㊷《大正藏·无门关》，295-a。

㊸《大正藏·景德传灯录》，263-b。

㊹ 26-248b；28-10b；161。此处“伊”指《下横山滩头望金华山二首（其一）》中提到的篙师。

㊺“接处纸痕斑”指在两张窗户纸的交接处有接痕（25-242a；28-4a；158）。

㊻ 40-382a；41-2a；232。

㊼ 40-382a；41-2a；233。

㊽ 同上，“肥仙”是张耒的号或别称，因其体胖获得此称。

㊾ 郭绍虞辑注，《沧浪诗话校释》（北京：人民文学出版社，1962），第54页。完整作品已被京特·德博（Günther Debon）译为德文，带有详尽注解和精彩导言，书名 *Ts'ang-lang's Gespräche über die Dichtung*（威斯巴登：1962）。

㊿ 同上，第10页。参见德博，第57页。

(51) 同上，第24页。参见德博，第62页，他将“深刻”译为 einschneidend。

(52) 同上，第1页。

(53) 同上，第10页。参见德博，第57页。

(54) 26-251b；28-13a；165。

(55) 同上，第1页。笔者暂未查明“乐府四篇”指哪四篇。参见德博，第59页。

(56) 叶燮，《原诗》，3，599。

第三章 活法

一、背景

1189年,杨万里的朋友张镃给杨万里写了两首短诗,其中第二首中写道:"造化精神无尽期,跳腾踔厉即时追。目前言句知多少,罕有先生活法诗。"①几乎在同一时间,杨万里的另一个朋友周必大写信给他说"诚斋万事悟活法"。②

自从张镃和周必大称赞杨万里对"活法"(the live method)的掌握后,评论家们就认为这是杨万里在中国诗歌史上自称独占一席的根据。二十世纪的学者周汝昌在对杨万里诗歌的介绍中,把大部分注意力集中在杨万里的活法上。③不过,杨万里和他的同辈人并不是最先提及活法的批评家,起码在北宋末年,江西诗派的批评家吕本中就开始强调了活法的重要性:

> 学诗当识活法。所谓活法者,规矩备具而能出于规矩之外;变化不测,而亦不背于规矩也。是道也,盖有定法而无定法,无定法而有定法。知是者,则可以与语活法矣。④

吕本中对"活法"一词的使用,虽然可能与同时代的人略有不同,但其本质内涵是一致的。我们可以从刘克庄(1187—1269)对此事的说法中看到,他说:"后来诚斋出,真得所谓活法,所谓流转圆美如弹丸者,恨紫微公不及见耳。"⑤

刘克庄生活的时代在杨万里、张镃和周必大之后,所以刘克庄关于活法的评论可以帮助我们界定从吕本中到宋末时期,那个大家普遍接受的"活法"含义究竟是什么。吕本中和刘克庄对活法的描述其最重要的共同点之一是,他们都提到了某种恒定的运动状态。吕本中提到"变化",而刘克庄提到"流转圆美如弹丸"。我们已经知道杨万里一直痴迷于改变诗歌作品的风格,我们将发现,变化,特别是意想不到的变化,构成了他所有诗歌的根本理念。

刘克庄的评论没有更进一步告诉我们"活法"这个词的内涵,但是吕本中关于"活法"的含义说了很多。不过,它们也不全都是我们想了解的内容。在他的描述中最突出的特点是其自相矛盾的措辞:既知道规则,又摆脱规则;既存有通向"活法"的路径,但是又没有这条路径。尽管这些陈述乍一看似乎相当模糊,悖论式语言的使用与杨万里关于诗歌本质的许多论述非常相似,这一点我们已经在上面做过考察。因此,当被问及写出好诗的真正法门时,杨万里回答说:"无法无盂也没衣。"在讨论诗的要素(elements of poetry)时,杨万里说道:"善诗者去词,然则尚其意而已矣。曰:善诗者去意。"

虽然这里不可能具体阐明吕本中对活法的描述与杨万里的文学理论之间的瓜葛(points of contact),但是他们对悖论的运用体现了禅宗神秘主义的影响。"活法"这个词本身就暗示了佛教的影响，因为在解读宋代文学批评术语时，我们应该始终意识到"法"这个词的模糊性。它可以保留其世俗意义，理解为"方法""法则"，或者也可以用来翻译成梵文术语——"佛法"（dharma）。而后者具有广泛的含义，其可以理解为"佛教的法门与途径"，甚至是"存在的构成要素"（constituent elements of being）。宋代评论家经常使用这些含义模糊的语词，我们经常发现有必要把"法"翻译为"佛法"，以使这个词的佛教内涵更清楚。

幸运的是，杨万里的朋友葛天民在写给杨万里的一首诗中明确指出了杨万里的"活法"与禅宗的联系：

> 参禅学诗无两法，死蛇解弄活鲅鲅。
> 气正心空眼自高，吹毛不动全生杀。
> 生机熟语却不排，近代独有杨诚斋。⑥

通过对宋代禅宗典籍的仔细研究，我们无法找到"活法"这个词，因此它很可能是由吕本中创造的。然而，葛天民清楚地看到了吕本中的"活法"与佛教禅宗之间的联系。禅法和活法之所以"活"，是因为它们都拒绝"执着于"（grasping）事物。我们已经看到，杨万里的文学理论拒绝依附早期的优秀文学典范。同样地，禅宗僧侣也不依附于他的师父或任何特定的教条，而是去努力解放自己的思想。然而，禅师与活法践行者的活动范围更广，因为他们不仅仅是拒绝依附先前的榜样，而是拒绝依附任何事物。正如禅师不依附任何事物，从而从生死轮回中解脱出来一样，践行活法的诗人也在不断地"变化"。用吕本中的话来说就是"变化不测",因为"有定法而无定法"。

杨万里和禅宗僧侣拒绝"执着"(驻足),这与大乘佛教最基本的思想之一——非二元论有关。这个思想是由印度佛教哲学家龙树菩萨在《中观论》中正式提出的,成为后来大多数印度和中国和西藏佛教思想的基础,即"不生亦不灭,不常亦不断。不一亦不异,不来亦不出"[7]。在这种非二元的体系中,主体与客体之间的一切区别都被消除了,因此不可能驻足把握住任何事物。解脱的最终途径是消除二元区别,故吕本中和杨万里在描述"活法"的时候都使用了龙树菩萨的非二元论,因为只有在似是而非的悖论中,区别性才会被摧毁。

到目前为止,读者可能会对"活法"一词的确切含义感到有些困惑,事实上,我们会发现,如果没有杨万里诗歌中关于"活法"的确切例子,宋代评论家对活法的解释几乎是无法理解的。因此,我们现在应该继续研究诗歌作品本身,以了解杨万里的同时代人对"活法"的看法。虽然研究杨万里诗歌的古代评论家都没有列举他的"活法"中的基本要素,但是我们将活法放置在如下主题范围内来思考是合适的:反传统、虚幻和矛盾的语言、意料之外和顿悟、幽默、通俗语。我们无法确定宋代评论家是否会把所有这些元素都归在"活法"的范畴之内。但我们认为,这些是最重要的条件,凭借它们杨万里可以防止他的诗歌陷入二元论的"死法"之中,从而使诗歌不断变化、运动。

二、反传统

杨万里在诗歌开悟后不久写的一首题为《细雨》的短诗中,

体现了"活法"中的一个最重要的因素：

> 孤闷无言独倚门，梅花细雨欲黄昏。
> 可怜檐滴不脱洒，点点何曾离旧痕！⑧

杨万里觉得与他同时代的大多数诗人未曾离开"旧痕"，像雨点从屋檐上滴落下来一样。在《诚斋集》中，他不断赞扬那些能够推翻传统的诗人。他说：

> 唐律七言八句，一篇之中句句皆奇，一句之中字字皆奇……如杜《九日》诗："老去悲秋强自宽，兴来今日尽君欢"，不徒入句便字字对属，又第一句顷刻变化，才说悲秋，忽又自宽。以"自"对"君"，自者，我也。"羞将短发还吹帽，笑倩旁人为正冠"，将一事翻腾作一联。又：孟嘉以落帽为风流，少陵以不落为风流，翻尽古人公案，最为妙法。⑨

杨万里最欣赏杜甫的地方就是他虽然继承了唐诗传统，却又能不落俗套地写诗。甚至在杨万里完全形成自己的风格之前，他就喜欢嘲笑以前的刻板传统。在《钓雪舟中霜夜望月》一诗中他写道：

> 溪边小立苦待月，月知人意偏迟出。
> 归来闭户闷不看，忽然飞上千峰端。
> 却登钓雪聊一望，冰轮正挂松梢上。
> 诗人爱月爱中秋，⑩有人问侬侬掉头。

> 一年月色只腊里，雪汁揩磨霜水洗。
> 八荒万里一青天，碧潭浮出白玉盘。
> 更约梅花作渠伴，中秋不是欠此段。⑪

至少从更早的唐代开始，中秋节就被认为是赏月的最佳时机，但当有人表达这种传统观点时，杨万里就会烦厌地摇摇头，进而指出为什么腊月时的月亮更为壮观。杨万里早期写的这首诗显然不是对中国文学传统的革命性突破，却是他打破常规思想的萌芽表现，由此才有了后来他对许多中国诗歌陈旧套路的摒弃，在之后的章节中我们也可以发现这一点。

关于杨万里诗歌中更具独创性的元素，我们稍后再讨论。让我们先来研究杨万里作品中使用的一种反传统的写作手法，即"翻案"。我们可以从《诚斋诗话》中理解这个词的意思，杨万里赞扬了之前使用同样手法的诗人：

> 孔子、老子相见倾盖，邹阳云："倾盖如故。"孙俸与东坡不相识，以诗寄东坡，和云："与君盖亦不须倾。"刘宽为吏，以蒲为鞭，宽厚至矣。东坡云："有鞭不使安用蒲。"杜诗云："忽忆往时秋井塌，古人白骨生苍苔，如何不饮令心衰？"东坡云："何须更待秋井塌，见人白骨方衔杯？"此皆翻案法也。⑫

从杨万里的论述中我们可以清楚地看到，翻案是一种将早期诗人的思想表达颠覆过来的诗歌手法。还有一点很突出，杨万里给出的所有关于翻案的例子都来自苏轼的作品,作为北宋的杰出诗人,苏轼在很大程度上推动了宋代诗歌的革命。

在杨万里的作品中,翻案的例子不胜枚举,但是由于这种反传统语言很难在脱离原始出处的情况下被欣赏,让我们引用几段原文。李白在他的名诗《月下独酌》中写道:"月既不解饮。"⑬杨万里反驳道:"'月不解饮真浪言。"⑭同样是写月,李白笔下的月亮和诗人并不亲近,杨万里却写道:"诵诗向天天亦惊。"⑮在《北山移文》中,孔稚珪(447—501)描述了隐士放弃山林隐居生活之后山中动物为此感到伤心:"蕙帐空兮夜鹤怨,山人去兮晓猿惊。"⑯而在看过特别壮观的景色后,杨万里决定隐退,但他写道:"游倦当自归,非为猿鹤怨。"⑰喝醉时,李白写下:"玉山自倒非人推。"⑱在类似的情况下,杨万里却写道:"管他玉山颓不颓?"⑲在上面诸多例子中,杨万里畅意地"翻案"了最杰出诗人的最著名诗句。

在讨论杜甫的反传统做法时,杨万里指出杜甫"翻尽古人公案"。"公案"一词直接取自禅宗,杨万里所说的"翻案"很有可能就是受到了宋代禅宗思想的启发。正如杜甫、苏轼颠覆了早期诗坛名家的"公案",《无门关》的作者也颠覆了唐代早期禅师南泉的"公案"。南泉云:"心不是佛,智不是道。"无门曰:"南泉可谓老不识羞,才开臭口,家丑外扬。"⑳慧开对南泉的说辞和言论如此激烈,并不是因为他不同意唐代禅师的思想,而是因为禅僧必须推翻所有师父的教导,才能获得开悟。在最开始,南泉禅师的"公案"可以当作沉思的对象,但最终所有的观念,甚至包括"心不是佛"这样的思想也必须被摒弃。同样,杨万里借助"翻案"这个手法超越了唐代乃至更早时代的诗歌。反传统打破了师父和学生之间的二元关系,而原创性的诗人必须超越这种二元关系才能为诗歌注入鲜活的生命。

三、虚幻和矛盾的语言

在另一章中,我们将讨论杨万里对视觉幻象的钟情,这也是他佛教哲学研究的部分兴趣所在。在诗歌技巧层面上,对幻象的描述是其"活法"中最重要的元素之一。在下面这首名为《雪晓舟中生火·其一》中,我们可以体会到杨万里如何通过虚幻的措辞创造了一系列的幻象:

> 乌银见火生绿雾,[21]便当水沉一浓炷。
> 却因断续更氤氲,散作霏微暖袍裤。
> 须臾雾霁吐红光,烟如云表升扶桑。
> 阳春和日曈满室,苍颜渥丹疑醉乡。
> 忽然火冷雾亦灭,只见红炉堆白雪。
> 窗外雪深三尺强,窗里雪深一寸香。[22]

在这首诗的第一行,杨万里创造了两个幻象,因为他不是简单地说木炭着火冒烟了,而是说"乌银"被点燃后产生了"绿雾"。这种幻象在第二句中仍延续着,因为现在银木炭已经变成了一根香。这根"香"没有产生滚滚浓烟,而是产生了第三句和第四句中所描述的"霏"。在银/木炭/香中产生的火不是真正的火,而像是初升的太阳,给杨万里的船舱带来了春天般的温暖,而尽管这首诗是在雪天里写的。即使诗人自己也不能摆脱幻象的变化，因为当他感到太阳／火的温暖时，他的脸变红了，他陶醉了，虽然他没有喝任何酒。突然，当火熄灭时，幻象消失了，但与此同时，银／木炭／香进一步变成了雪。在杨万里的幻象世界里，甚至连长度和深度也没有任何意义，因为炉灶上的一寸"雪"相当于他窗外的三尺雪。与普通雪不同的是，这种"雪"是火和热的产物，同时还带有香味。因此，通过一系列快速变换的比喻，杨万里创造了一个与现实世界完全不同的虚幻世界。

杨万里使用幻觉语言所产生的各种转变，让人想起印度佛教般若经的一个论点，即所有现象性的存在都像一种把戏或海市蜃楼。事实上，杨万里自己经常把实物的虚幻变化比作成某个仙人的魔术。在《雪晴二首·其一》中，他写道：

> 仙人剪水作花飞，忽化琼瑶已大奇。
> 复把琼瑶化成水，滴来平地总琉璃。[23]

在短短的四句诗中，我们看到一位仙人把水变成花（雪花），然后变成碧玉（雨夹雪），又变成水（雨），最后变成琉璃（立起凝固的水）。简而言之，杨万里对虚幻语言的使用类似于印度佛教典籍中佛陀和众神创造幻象的方式。

不仅实现神奇转变的方法与佛教经文相似，杨万里所使用的非常虚幻的语言实际上也与这些经文内容相同。如果一个人仔细研究杨万里写的涉及"变化"的大量诗歌，他会发现有关宝石和贵金属的语词，如"宝石""水晶碧玉""琉璃""银"和"珍珠"等,在他描述的神奇变化中占据了首位。任何读过相当数量的印度佛教文献的人都会认识到,杨万里诗歌中珠光宝色的幻象世界与几乎所有印度佛经中的幻象世界是相似的。《法华经》是这样描述未来佛域的:"琉璃为地。宝树庄严。黄金为绳。以界道侧。妙华覆地。周遍清净。"[24]然而,在许多情况下,杨万里对这种虚幻语言的运用超越了印度佛教文献中的华丽虚幻世界。在《江水》中,他写道:

> 水色本正白,积深自成绿。
> 江妃将底药,软此千里玉。[25]

杨万里没有把河水比作玉石,而是说只有在"玉石"被神仙神奇地"软化"之后,其才会变成水,这让读者感到惊讶。他在一首关于月亮的题为《八月十二日夜诚斋望月》[26]的诗中使用了类似的技巧:

> 才近中秋月已清,鸦青幕挂一团冰。
> 忽然觉得今宵月,元不黏天独自行。[27]

杨万里对月亮的描述是"鸦青幕挂一团冰",这是他更常用的一种虚幻隐喻,但这首诗的最后一行就像前首作品中化玉成水一样出人意料。诗人显然知道月亮或冰团不是粘在天幕上的,所以当他告诉读者他对月亮完全能够"元不黏天独自行"感到惊讶时,读者失去了警惕,就像他发现河里的水原来是玉一样。

第三章 活法

到目前为止,能清楚地看到杨万里对虚幻语言的使用是如何与他的活法相适应的。葛天民认为,任何掌握活法的人,都懂得如何让"死蛇解弄活鲅鲅",而杨万里的虚幻式语言恰恰实现了这一目标。读杨万里的诗,永远无法准确判断什么是真实的,什么是"虚幻"的。普通木炭可以变成银、熏香和雪,而水可以具有任何形式,从碧玉到琉璃。因此,当一种幻觉转换到另一种幻觉时,读者会不断地感到惊讶,就像一条死蛇突然被惊醒并扑向他一样。这些不断的转换为诗歌注入了生命,避免了因驻足而产生的执念。

除了使用虚幻的语言,佛经经常使用悖论式的措辞。在许多大乘经典中,人们经常发现诸如"兔角龟毛"之类的表达。这种悖论式的语言包含了在俗谛常识看来似乎是自相矛盾的元素,因而震撼着心灵,使其从正常的思维过程抵达到一种非二元论式的意识层次,而在那里所有这些悖论都得到了解决。

虽然中国诗歌中的矛盾语言不如佛教哲学话语中常见,但人们发现杨万里经常写下"有梦元无梦,似想亦非想"[28]这样的句子。虽然这句话听起来像是从佛教逻辑中引申出来的,但当杨万里把矛盾的语言运用到风景描述上时,他制造了很有趣的效果。在《万安道中书事德三首·其一》中,他写道:

> 玉峰云剥逗斜明,花径泥干得晚行。
> 细细一风寒里暖,时时数点雨中晴。[29]

在杨万里的颇为矛盾式的风景诗中,天冷时有热,天晴时有雨。

然而，我们不必担心杨万里风景诗中表面上的矛盾，因为在绝对真理的世界里不存在这样的矛盾。在大多数诗歌中，杨万里解决了他通过似是而非的语言所制造的矛盾。在《月夜观雪三首·其二》中，他写道：

> 月光雪色两清寒，见月初疑是雪团。
> 看得雪光还似月，元来雪月一般般。[30]

起初，诗人无法确定究竟月亮是雪，还是雪是月亮，但思索了两者之间的表面矛盾之后，他意识到它们的一致性。

在一首风景诗中也出现了对矛盾情况的类似解决方式。在《正月三日宿范氏庄四首·其一》中，他写道：

> 三峰从何来？骏奔若鸣驺。
> 当户不忍去，裴回为人留。
> 对之成四友，呼酒与献酬。
> 我醉山自醒，相忘却相求。[31]

在他的陶醉状态中，杨万里与"山自醒"分开了。因此，他和山似乎忘记了彼此，尽管他们之间存在最初的友谊。然而，在像禅宗这样的哲学体系中，人们通过不寻求开悟而获得开悟，同样地，在杨万里和青山各自相忘和彼此寻求之间也并不矛盾。

杨万里在诗歌中不像经常使用虚幻式语言那样使用悖论式的语言，但其效果是相似的。矛盾使思想失去平衡，使原本可能僵死的东西焕发生机。

四、顿悟

实与幻的问题是杨万里诗歌中最重要的主题之一,我们已经看到他的活法是如何运用虚幻和悖论式的措辞来突显感官感知的虚幻本质。然而,当我们最终意识到我们的感官受到了迷惑从而把幻觉误认作是现实时,心灵就会被惊醒,这一过程类似于一个人在黑暗中摸索多年后突然开悟。这种"顿悟"的经历在杨万里的诗中屡见不鲜。在赏花的时候,杨万里惊讶地发现,当有些"花"飞去的时候,它们实际上是蝴蝶。他写道:

> 仰架遥看时见些,登楼下瞰脱然佳。
> 酴醾蝴蝶浑无辨,[32]飞去方知不是花。[33]

当杨万里看到天空中山峰形状的云时,类似的"觉醒"也发生了:

> 霁天欲晓未明间,满目奇峰总可观。
> 却有一峰忽然长,方知不动是真山。[34]

禅宗大师开导学生的一个常用方法是去震撼他们的思想和身体,并让他们产生自觉。这通常采取对学生吼叫或对他们身体进行击打的方式,有时甚至在必要时使用更激烈的方法:

> 俱胝和尚,凡有诘问,唯举一指。后有童子,因外人问,

"和尚说何法要？"童子亦竖指头。胝闻，遂以刃断其指。童子负痛号哭而去。胝复召之。童子回首。胝却竖起指。童子忽然领悟。㉟

我们在杨万里的诗歌中也发现了类似的震撼手法，他的诗歌常常在意想不到的变化中让我们恍然大悟。在杨万里之前，大部分的中国诗词都是按照从第一句到最后一句的逻辑顺序来写的。就连发现了活法的那位具有创新精神的评论家和诗人吕本中也写道："凡作诗，使人读第一句知有第二句，读第二句知有第三句，次第终篇，方为至妙。"㊱

在这里，杨万里又一次没有遵循传统的做法，其诗中出人意料的各种变化被清代评论家陈衍（1856—1937）注意到。他说："他人诗，只一折，不过一曲折而已；诚斋则至少两曲折。他人一折向左，再折又向左；诚斋则一折向左，再折向左，三折总而向右矣。"㊲在《诚斋诗话》中，杨万里对早期诗人的类似特征表示赞赏。他说："诗有一句七言而三意者，杜云：'对食暂餐还不能。'退之云：'欲去未到先思回。'"㊳

在杨万里自己的诗作中，我们经常发现他因奇异的事情而迷失了方向感，从而在周围打转，他写道：

篙师只管信船流，不作前滩水石谋。
却被惊湍漩三转，倒将船尾作船头。�439

如果船只转了一圈，我们不会感到惊讶，但就在船似乎恢复正常的时候,船再次旋转,沿着危险的急流令人惊恐地倒冲了下去。

在他的《诚斋诗话》中,杨万里赞扬了早期的诗人,他们成功地震撼了读者,给人们带来了新的认识。他说:

> 诗有惊人句。杜《山水障》:"堂上不合生枫树,怪底江山起烟雾。"又:"斫却月中桂,清光应更多。"白乐天云:"遥怜天上桂华孤,为问姮娥更有无?月中幸有闲田地,何不中央种两株。"㊵

然而,杨万里的手法比他之前引用的任何例子都要走得远。因为他喜欢让我们想象出事物非其所是的面目,然后在诗歌的最后一行中,他再次击碎了自己所创造的幻觉。他写道:

> 稚子金盆脱晓冰,彩丝穿取当银钲。
> 敲成玉磬穿林响,忽作玻璃碎地声。㊶

当杨万里让我们相信那块冰是一块钲,并随着玉磬的鸣响时,他把我们的幻象打翻在地上。但即使这样,那也是玻璃破碎的声音,而不是碎冰的声音!

就像杨万里击碎我们的梦境一样,他也喜欢用他的诗歌想象把我们从他为我们编织的梦境中惊醒。在题为《舟人吹笛》的诗中,他写道:

> 长江无风水平绿,也无靴文也无縠。

> 东西一望光浮空，莹然千顷无瑕玉。
> 船上儿郎不耐闲，醉拈横笛吹云烟。
> 一声清长响彻天，山猿啼月涧落泉。
> 更打羊皮小腰鼓，头如青峰手如雨。
> 中流忽有一大鱼，跳破琉璃丈来许。⑫

这首诗的前十句唤起了一个精致美丽的梦幻世界。我们不是静静地坐在陆地上，而是在云雾缭绕的水面上悠闲地漂流，因此，既没有方向感也没有时间感。似乎酒的醉意还不够，我们又被笛声所陶醉，这笛声听起来不像普通的笛声，而是"山猿啼月涧落泉"，或者是急流的泉水。突然，这份恬静愉快被一条从神秘水下游来的大鱼打破了，我们从梦中惊醒，进入了现实的世界。

有时候，杨万里并没有通过打破他为我们创造的梦想世界来让我们清醒过来，而是选择了另一种方法把我们逼到墙角，在我们期待解脱的时候，给我们一个比以往任何时候都更猛烈的击打。在《宿潭石步》，他写道：

> 三更无月天正黑，电光一掣随霹雳。
> 雨穿天心落篷脊，急风横吹斜更直。
> 疏篷穿漏湿床席，波声打枕一纸隔。
> 梦中惊起眠不得，揽衣危坐三叹息。
> 行路艰难非不历，平生不曾似今夕。
> 天公吓客恶作剧，不相关白出不测。
> 收风拾雨猝无策，如何乞得东方白。

> 垂头缩脚正逼仄，忽然头上复一滴。㉝

在经历了寒冷和潮湿之后，我们蜷缩在一起，等待着黎明来临的幸福时刻，或者等待着诗人对命运的一些适当沉思。这样，我们那业已受到过度训练的神经系统遭遇了就像来自冰水正好落在头上的打击感！

敏锐的读者会注意到，杨万里的泼冷水与临济禅师的棍棒和吼叫，以及我们的朋友俱胝和尚更为激烈的措施之间有很大的相似之处。因此，对杨万里极为钦佩的南宋诗人和评论家刘克庄写道：

> 比之禅学，山谷初祖也，吕、曾南北二宗也，诚斋稍后出，临济、德山也。初祖而下，止是言句，至棒喝出，尤径捷矣……徐渊子、高续古曾参诚斋，警句往往似之。㊹

这里，我们看到，刘克庄认为，一方面，江西学派的创始人黄庭坚与早期的禅宗类似，他们仍然依赖于文字，尚未被"不立文字"，即不要拘泥于语言表述这一后来禅宗的基本教义所启悟；另一方面，杨万里与临济德山禅师相似，他对那些执着于语言以及相应的语言思维的学生，不是用棍棒，就是大声喊叫。杨万里通过他的"棒喝"，并没有滑向"轮回与死亡"的循环，而是摆脱了语言的限域。

五、幽默

在这里希望读者们已经注意到杨万里诗歌中的幽默风格。事实上，幽默是杨万里活法中最重要的元素之一。当然，我们很难说是禅宗或某个思想流派直接影响了他的幽默风格，但我们可以把禅宗对他的文学理论和诗歌创作的影响当作背景来更好地理解他的幽默。

我们已经注意到，杨万里在诗歌中使用意想不到的东西来产生"顿悟"的效果。其实，许多优秀的幽默文学都是这样使用意想不到的描述引人发笑，突然发笑往往就意味着开悟。因此，当我们阅读唐宋时期的禅宗作品时，常常被他们毫无逻辑的幽默震撼而捧腹大笑："一日普化在僧堂前吃生菜。师见云：'大似一头驴。'普化便作驴鸣。师云：'这贼。'普化云：'贼，贼。'便出去。"㊺

杨万里早期受到江西诗派的影响，创作的诗歌很少是幽默的，但在 1168 年，我们就可以看出其幽默风格的端倪。在《人日诘朝从昌英叔出谒》他，写道：

> 四序各自佳，要不如春时。
> 何必花与柳，始爱春物熙。
> 今晨驾言出，从公南山西。
> 泥软屦自惬，风嫩面不知。
> 寒草动暖芽，晴山馀雨姿。
> 水日亦相媚，縠纹生碎晖。

> 鸟声岂为我，我听偶自怡。
> 出门初惮烦，载途乃忘归。
> 但令我意适，岂校出处为。
> 路人见我揖，属我有所思。
> 我不见其面，信口聊应之。
> 徐悟恐忤物，欲谢已莫追。
> 我率或似傲，彼愠独得辞。㊱

当然，这首早期诗歌的幽默元素相当微妙，但是可以看作杨万里幽默风格的萌芽。在这首诗的第一部分，杨万里与自然完全和谐相处。他知道自己对自然世界来说微不足道，但他在早春自然复苏的神秘过程中发现了极大的乐趣，因此，他迷失在幻想中，忘记了社会习俗。然而，社会生活很快闯入了他的幻想，当他最终醒来时，他担心自己忽视了社会生活的礼仪。最后，杨万里还是选择沉浸于自然，他放弃了社会属性，认为既然无法纠正错误，那就干脆忘了它吧。这首诗的幽默是现代西方人很难理解的，因为他们不像古代中国人那样重视社会属性。然而，我们可以很容易地发现，杨诗的幽默与宋代禅师的不敬态度之间有相似之处，比如《无门关》的作者慧开就把佛陀称为"黄面瞿昙"。

在诗歌顿悟之后，他的幽默不再像他早期的作品那样紧张，他完全胜任了使用意想不到或令人震惊的东西来引起读者的笑声。1178 年，他写下《夜闻风声》一诗：

> 作寒作暑无处避，开花落花尽他意。

> 只有夜声殊可憎,偏搅愁人五更睡。
> 幸自无形那有声,无端树子替渠鸣。
> 斫尽老槐与枯柳,更看渠侬作么生。⑰

在这首诗中,诗人谴责了风,又把无辜的槐树和柳树当作攻击对象,这种出乎意料的粗暴使读者发笑。因此,我们可以得出结论,虽然杨万里的幽默风格与禅宗没有太多直接关系,但是在这种出人意料甚至颇为粗暴上,其幽默手法与宋代禅学中经常出现的幽默风格有相似之处。

杨万里的幽默很少受到宋代以后评论家的赞赏,因为许多比较保守的明清作家把这样的玩笑视为纯粹的滑稽表演。然而,并不是所有后世的批评家都对他怀有敌意,《宋诗钞》的编选者们在恢复人们对宋代诗歌的兴趣方面有很大的影响,这本书曾写道:

> 诚斋,天分也,似李白。盖落尽皮毛,自出机杼。古人之所谓似太白者,入今之俗目,则皆俚嗟也。初得黄春坊选本,又得檇李高氏所录,为订正手抄之,见者无不大笑。呜呼!不笑不足以为诚斋之诗。⑱

六、通俗语

在讨论杨万里的诗歌理论时,我们已经说过,他赞扬简单的、朴素的、相对不受典故影响的诗歌形式。在尝试创作这种自然的诗歌之后,他把高度口语化作为活法的重要元素。在他之前,没有哪位文人如此广泛地使用白话,可能最重要的一点是,他的诗歌语言与当时禅宗文人的白话十分相似，他们也像杨万里一样不喜欢精雕细琢的语句。然而，我们并不一定要从禅宗僧人那里找到杨万里使用白话的原因。其实，杨万里一生都非常崇拜白居易，而白居易正是将白话引入唐代诗歌最重要的诗人。在《端午病中止酒》一诗中他写道：

> 病里无聊费扫除，节中不饮更愁予。
> 偶然一读香山集，不但无愁病亦无。⑭

在翻译中引用杨万里口语诗的例子是徒劳的，因为我们只能通过阅读他的中文原文才能欣赏他对口语的娴熟运用。但是，我也不得不尽量把他的诗歌翻译为日常使用的英语，从而再现他的口语化甚至俚语化的风格。然而，我们几乎不可能复制杨万里的诗歌对中国读者的那种影响，因为尽管他的作品中有很多口语短语，但他的诗歌仍然是用文言文写的。在以晦涩难懂著称的文学传统中，杨万里对口语的钟情无疑值得赞扬，但是这种方法的弊端显而易见。因为口语往往比文言更为繁冗，使用过多的口语，尤其是口语助词"了"和"吗"，总是有破坏语言简练紧凑的危险，而简练紧凑是中国诗歌传统的主要优长之一。杨万里也充分意识到其中的问题，他同时代的罗大经（约1224年）提到，杨万里强调在古典诗歌中应该斟酌使用通俗口语：

> 杨诚斋云："诗固有以俗为雅，然亦须经前辈取镕，乃可因承。如李之'耐可'、杜之'遮莫'、唐人'里许'、'若

> 个’之类是也。唐人寒食诗，不敢用‘饧’字，重九诗，不敢用‘糕’字，半山老人不敢作梅花诗，彼固未敢轻引里母田父而坐之平王之子、卫侯之妻之侧也。”余观杜陵诗，亦有全篇用常俗语者，然不害其为超妙。杨诚斋多做此体，亦自痛快可喜。(50)

虽然杨万里已经意识到在古典诗歌中使用通俗口语的弊端，以及持续改进通俗语的必要性，但他还是强烈主张将普通人的语言引入到知识精英的诗作中。正如所料，许多后世的评论家不喜欢这种质朴、通俗的诗歌。其中，最典型的是清代诗人和评论家朱彝尊（1629—1709）：“今之言诗者，每厌弃唐音，转入宋人之流派，高者师法苏黄，下乃效及杨廷秀之体，叫嚣以为奇，俚鄙以为正。”(51)又说，“迩者诗人多舍唐学宋，予尝嫌务观太熟，鲁直太生，生者流为萧东夫，熟者降为杨廷秀。萧不传而杨传，效之者何异海畔逐臭之夫邪？”(52)朱彝尊执着于模仿古人的“死法”，杨万里思考的则是口语的生动与活力。

注 释

① 张镃，《南湖集》，第 7 卷，22-a，《知不足斋丛书》（1921）。

② 周必大，《周益国文忠公集·平园续稿》（1848），第 1 卷，《次韵杨廷秀待制寄题朱氏涣然书院》。

③《杨万里选集》，第 5—19 页。虽然笔者认为周汝昌对“活法”的讨论很有意义，但笔者此处采用了不同的理解。

④ 刘克庄，《后村先生大全集》，95-826a。

⑤ 同上，95-822b。

⑥ 葛天民,《汲古阁景钞南宋六十家集·葛无怀小集·寄杨诚斋》,此处"吹毛不动全生杀"指刀枪锋利,吹落在刀刃上的头发也会被切断。葛旨在表明杨诗能够于无形中影响他人。

⑦ 龙树菩萨,《中论》(*Madhyamakasastra*)(达尔班加:弥萨罗学院,1961),第 4 页。

⑧ 12-112b;13-4b;100。

⑨ 《诚斋集》,114-988ab。孟嘉,东晋名士,行为狂放。一日参加宴会时,风将其帽吹落在地,但因孟本性风流潇洒,并未理睬落帽。参见《晋书》,第 98 卷,第 1341b 页。关于"公案"的解释详见后文的讨论。

⑩ 中秋节在每年农历八月十五日。

⑪ 7-67a;8-1a;64。

⑫ 《诚斋集》,114-989ab。

⑬ 李白,《四部丛刊·分类补注李太白诗》,23-313a。

⑭ 36-345b;37-8b。

⑮ 25-233a;27-6b。

⑯ 严可均辑,《全上古三代秦汉三国六朝文》(台北:新兴书局,1968),第 6 集,《全齐文》,第 19 卷,第 8 页。

⑰ 14-127b;15-1a。

⑱ 《四部丛刊·分类补注李太白诗》,7-134b。

⑲ 19-183b;21-10b。

⑳ 《大正藏·无门关》,297b。

㉑ "乌银"出自孟郊诗,在该诗中孟郊将木炭比作乌银。参见《四部备要·孟东野集》,9-4b。

㉒ 28-261a;30-1a;177。

㉓ 21-201a;23-6a。

㉔ 《大正藏·妙法莲华经》,No.262,第 9 卷,第 20-c 页。

㉕ 26-247b;28-9b;161。

㉖ "诚斋"是杨万里的书房名。

㉗ 37-356b;38-9b;224。

㉘ 25-239b；28-1b。

㉙ 15-138b；16-2b；116。

㉚ 11-108b；12-9a。

㉛ 18-166a；20-2b。

㉜ “酴醾”，蔷薇科植物。

㉝ 25-236a；27-9b。

㉞ 32-306a；34-7a。

㉟《大正藏·无门关》，293b。

㊱ 魏庆之，《诗人玉屑》，第121页。

㊲ 引自《杨万里选集》第6页。笔者无法获取原句。

㊳《诚斋集》，114-987a。

㊴ 26-248b；28-10b。

㊵《诚斋集》，114-987a。

㊶ 11-108a；12-8a。

㊷ 18-169b；20-6a；127。

㊸ 13-123b；14-5a；105。

㊹ 刘克庄，《四部丛刊·后村先生大全集》，97-844ab。

㊺《大正藏·镇州临济慧照禅师语录》，No. 1985，第47卷，第503-b页。完整作品已被保罗·戴密微（Paul Demieville）译为法语，书名：*Entretiens de Lin-tsi*（巴黎：法亚尔出版社，1972），第180页。

㊻ 最后一句句意：“如果他生了气，我又能怎么办呢?”原诗的口头语“独”表示“怎么”之意（5-45b；5-2a；50）。

㊼ 10-100a；11-10b；92。

㊽ 吕留良等辑，《宋诗钞》（上海：商务印书馆，1935），第3卷，1871页。

㊾ 42-408b；42-14b。

㊿ 罗大经，《笔记小说大观续编·鹤林玉露》（台北：新兴书局，1962），第3卷，第4a页，第2290页。

(51) 朱彝尊，《四部丛刊·曝书亭集》，38-319a。

(52) 同上，52-412b。

第四章　虚幻与现实

我们已经看到杨万里如何将禅宗"悟"的概念作为他文学理论的中心主题，正如人们可以预见的那样，让杨万里趣之所向的佛教对他许多诗歌作品的主题有着巨大的影响。虚与实是佛教探讨的一个基本议题，而根据佛教的非二元论，开悟在于认识到虚与实的同一性。杨万里在他晚期（1201）的一首诗中探讨了这个问题。在《夏夜玩月》中，杨万里写道：

> 仰头月在天，照我影在地。
> 我行影亦行，我止影亦止。
> 不知我与影，为一定为二。
> 月能写我影，自写却何似。
> 偶然步溪旁，月却在溪里。
> 上下两轮月，若个是真底？
> 唯复水是天，唯复天是水。[①]

早在中国诗人把月亮在水中的倒影当作虚实关系的象征之前，佛教文献中就已经有了相关记载。佛教文献于三世纪末传入中国，当时震撼了中国思想界。鸠摩罗什（344—413）把《摩诃般若波罗蜜经》翻译成了中文,在描写菩萨特征的时候,书中写道菩萨"解了诸法如幻、如焰、如水中月、如虚空、如响、如乾闼婆城、如梦、如影、如镜中像、如化"②。著名的佛教著作《大智度论》对这段话的注释是:

> 如水中月者,月在虚空中,影现于水。实法相月,在如法性,实际虚空中,凡人心水中有我,我所相现,以是故,名如水中月。复次如小儿见水中月,欢喜欲取,大人见之则笑。③

也就是说,一切由法促成的现象存在,就像水中月影一样,都是不真实的。而开悟者能够体认到这种表象的虚妄。

早在梁代(502—557),佛教文献中对幻象的十个比喻就已被用作诗歌素材。梁代信奉佛教的梁武帝(502年—549年在位)和简文帝(549年—551年在位)都用这些比喻写过诗。在《水月》一诗中,简文帝写道:

> 圆轮既照水,初生亦映流。
> 溶溶如渍璧,的的似沉钩。
> 非关顾兔没,岂是桂枝浮。
> 空令谁雅识,还用喜腾猴。
> 万累若消荡,一相更何求。④

因此,当杨万里写到水中月影时,世人皆知这是对世界虚幻一面

的比喻。然而,杨万里无疑是第一个不写水中月影,而写酒中月影的诗人,这可能是他最好的一首哲理诗:

重九后二日同徐克章登万花川谷月下传觞

老夫渴急月更急,酒落杯中月先入。
领取青天并入来,和月和天都蘸湿。
天既爱酒自古传,月不解饮真浪言。
举杯将月一口吞,举头见月犹在天。
老夫大笑问客道,月是一团还两团。
酒入诗肠风火发,月入诗肠冰雪泼。
一杯未尽诗已成,诵诗向天天亦惊。
焉知万古一骸骨,酌酒更吞一团月!⑤

显然,杨万里把这首诗视为他最重要的一个作品。杨万里长子的诗友罗大经,与杨万里一家是同乡。他写道:

杨诚斋月下传杯诗云(如上文所引之诗,施吉瑞注)。余年十许岁时,侍家君竹谷老人谒诚斋,亲闻诚斋诵此诗。且曰:"老夫此作,自谓彷佛李太白。"⑥

这首诗歌的风格当然受到了李白的影响,但与李白作品的道教元素相比,杨万里诗中的饮酒活动具有佛教色彩。诗中的酒中之月与第一首诗的水中之月一样,都是虚实结合的产物。通过这一中国诗歌里的灵丹妙药，印度哲学观念以一种独特的中国方式被表达出来。

当一个人阅读佛教文献中关于幻象的十个比喻时，他会注意到其中的一些，比如"幻"或"响"，不仅在外观或声音上是虚幻的，而且持续时间也非常短。杨万里对这种短时间的现象特别感兴趣。虽然宋代有其他诗人也对此感兴趣，但是可能只有他描述得最为成功。当杨万里在描述一个人在清晨尚未完全清醒的状态下看到一盏灯时，他可能就想到了般若文献中的"幻"。在《秋日早起》一诗中，写道：

> 鸡鸣钟未鸣，不知乡晨否。
> 起来恐惊众，未敢启户牖。
> 残灯吐芒角，上下两银帚。
> 定眼试谛观，散作飞电走。⑦

正因为杨万里对短暂现象感兴趣，所以他能够从各种现象中发现美，而之前大多数诗人可能从未注意过这些现象。某个冬天的晚上，他把一些新摘的梅枝放进两个盛满水的花瓶里。当水冻结时，花瓶破碎，这样，开花的树枝就被冻在两个花瓶形状的冰体中。杨万里看到了这一幕，用他的诗歌天赋把它们点化成从天而降的水晶花瓶：

> 何人双赠水精瓶？梅花数枝瓶底生。
> 瘦枝尚带折痕在，隔瓶照见透骨明。

第四章 虚幻与现实

大枝开尽花如雪，小枝未开更清绝。
争从瓶口迸出来，其奈堪看不堪掇。
人言水精初出万窠时，欲凝未凝如冻脂。
上有江梅花正盛，吹折数枝堕寒镜。
玉工割取到人间，琢出瓶子和梅看。
至今犹有未凝处，瓶里水珠走来去。
只愁窗外春日红，瓶子化作亡是公。[⑧]

通过杨万里的诗意想象，两块冰变成了天上玉工送来的水晶花瓶。唯一的问题是，杨万里的这一想象几个小时后就会化为乌有。

对杨万里来说，充满"常识"的平凡世界到处都是难以捉摸的视觉幻象。他看着太阳落在湖面上，似乎直接进入了水中：

坐看西日落湖滨，不是山衔不是云。
寸寸低来忽全没，分明入水只无痕。[⑨]

杨万里看到一个渔民乘着小船向远边漂去，穿着蓑衣的渔民似乎变成了一只栖息在芦苇上的雁：

渔郎艇子入重湖，老眼殷勤看著渠。
看去看来成怪事，化为独雁立横芦。[⑩]

在中国和印度，最常用来形容虚幻和短暂的意象就是泡沫：

水沤

淡日轻云雨点疏,大沤随雨起清渠。
跳来走去琼盘里,刱见龙宫径寸珠。

泡沫好像龙宫的珍珠,但他们瞬间破裂消失:

至宝何缘识得全,骊珠浮没只俄然。
金仙额上庄严底,只许凡人见半边。⑪

金仙就是佛陀,镶嵌在佛像额头上的珍珠代表着佛陀的天眼。当然,人们只能看到珍珠的一半,就像人们也只能看到泡沫的一半。因此,泡沫不仅成为短暂存在的象征,而且有点讽刺的是,它还成为宇宙奥秘的象征。普通人只能看到露在外面的一半,只有开悟的人才能看全。通过把短暂存在的事物化为永恒的象征,杨万里可以说近乎超越了虚实二元论。

注 释

① 39-377b;40-11a;229。
② 《大正藏·大智度论》,No. 1509,第 25 卷,第 101-c 页。
③ 同上,102-b。该段内容已由 E. 拉莫特(E. Lamotte)翻译为法文并作注,书名 *Le Traité de la Grande Vertu de Sagesse de Nāgārjuna*(鲁汶,1944),第 1 卷,第 364 页。
④ 丁福保辑,《全汉三国晋南北朝诗》(台北:世界书局,1962),第 2 卷,第 907 页。在中国神话中,月亮上有一只兔子与一棵桂树。

⑤ 该诗有两处地方引用了李白的《月下独酌》四首。参见《分类补注李太白诗》，23-313ab。"天既爱酒"来自李白的"天若不爱酒，酒星不在天"。"月不解饮"直接引自《月下独酌》其一第五句"月既不解饮"。倒数第二句"焉知万古一骸骨"句意较为模糊，可以理解为：我如何知道在千秋万代之后是否只空留一副尸骨（36-345b；37-8b；218）？

⑥ 罗大经，《笔记小说大观续编·鹤林玉露》（台北：新兴书局，1962），第10卷，第10-b页、2313页。

⑦ 40-379a；40-12b；230。

⑧ "亡是公"是汉代诗人司马相如《子虚赋》中的三个虚构人物之一。

⑨ 27-256a；29-4b。

⑩ 29-277a；31-8a。

⑪ 32-303b；34-4a；192。

第五章 人世间

一、家庭与子女

  杨万里对俗间事物的兴趣部分源于他那受禅宗启发的文学观，但作为一个儒家学者，他不得不奔忙于现实事务之中。古代中国知识分子日常生活的焦点多在家族之中，个人仕途在很大程度上反映了家族希冀增加财富和声望的愿望。尽管宋代的科举制度对杰出的个人给予巨大的福惠，但背后的家族总是从其个体成员的成就中受益。然而，尽管家族的重要性被高估了，但很奇怪的是，直到18世纪时古典文学作品中才经常提到家族。但是，陶渊明的《责子诗》①是这一说法的一个明显例外。而杜甫确实是第一个在各种程度上关心妻子和孩子的诗人②，而其《月夜》这样的作品在对诗人与妻子关系的高度个人化描述中是非常具有创造性的。杜甫是推翻北方贵族文学传统的最重要的人物之一。因此，他能够书写一个个被早期更典雅时代的作家们所认为是不够庄重的主题。

  到了北宋，贵族和他们在文学上的矫作已经消失，宋代诗人可以自由地处理那些会让贵族阶层的诗人感到惊愕的主题。因此，宋代诗人对他们的父母、子女、妻子甚至妃子的描写比以往任何时候都要多。杨万里的以下作品是宋代诗歌中这种新精神的典型代表：

负丞零陵更尽，而代者未至。家君携老幼先归，追送出城，正值泥雨，万感骤集

吾父先归吾未可，吾母已行犹顾我。
儿女喜归未解悲，③我愁安得似儿痴。
墙头人看不须羡，居者那知行者叹！
昨日幸晴今又雨，天公管得行人苦。
吾母病肺生怯寒，晚风鸣屋正无端。
人家养子要作官，吾亲此行谁使然。④

来自家庭的压力是推动男性步入仕途的主要力量，杨万里也赞同这个说法。但他也表示了忠孝之间的矛盾关系，因为他不能在身旁孝顺父母是令双亲难过的主要原因。

在杨万里的仕途生涯中，我们经常注意到个人道德准则与公共职责之间的强烈矛盾，但在他的家庭生活中发现同样的矛盾则是富启发性的。尽管宋代以前，奉行儒学思想的社会将专断的父亲角色变成一种理念，杨万里和其他宋代作家却把他们的儿子当作朋友。他写道：

得寿仁、寿俊二子书，皆以病不及就试，且报来期

二子何时到，三秋欲尽头。
收渠半张纸，洗我一年愁。

不得毛锥力，元非子墨羞。

海山寒更碧，整驾待同游。⑤

这种平等友爱的情感在杨万里致仕后所作的诗中变得尤为强烈：

次公秩满来归，偶上巳寒食同日，父子小酌

又是一年修禊时，何须曲水泛金卮。⑥

遍尝众酒少亦醉，坐到三更眠未迟。

上巳巧当寒食日，春风悭放牡丹枝。

白头父子灯前语，忘却江湖久别离。⑦

虽然杨万里的诗歌中反映出不拘礼节的家庭关系，但这早在一百多年前就已在梅尧臣等诗人的作品中出现。然而，杨万里对孩子的态度是非常新颖的。⑧杜甫在诗中提及孩子时情感充盈，甚至像李商隐这样精雅的诗人也曾写过《骄儿诗》。⑨然而，杨万里是第一个试图进入孩子世界的诗人，这也是南宋画家们的共同兴趣。他们的很多画作都与以下主题相关：

观迎神小儿社

花帽铢来重，绡裳水样秋。

强行终较懒，妍唱却成羞。

鹦鹉栖葱指，⑩芙蕖载锦舟。

休看小儿社，只益老人愁。⑪

和当代的儿童节绘画中不出现成年人类似,在杨万里描写儿童欢庆的诗歌中,成年人的角色也从未出现,只有在这首诗的最后两行才施以笔墨。而这种对逝去光阴的怀念,无疑是南宋时期儿童文艺题材兴起的原因之一,因为逝去的青春是世俗中堕落的象征。中国田园诗之父陶渊明在《归田诗》中曾言:"少无适俗韵,性本爱丘山。误落尘网中,一去三十年。"⑫在陶渊明之前的数世纪里,《道德经》曾把完美的人比作婴儿。⑬而在儒学中,孟子的性善论也表明与成年人相比,儿童是纯洁的。

杨万里认为,孩子们生活在自己的"现实"世界里,与成人生活的单调截然不同。他写道:

幼圃

蒲桥寓居,庭有刳方石而实以土者,小孙子艺花窠菜本其中,戏名"幼圃"。

寓舍中庭岁半弓,燕泥为圃石为墉。
瑞香萱草一两本,⑭葱叶薜苗三四丛。
稚子落成小金谷,⑮蜗牛卜筑别珠宫。
也思日涉随儿戏,一径惟看蚁得通。⑯

用成年人的话来说,孩子的花园完全是他们自己的虚幻;但对孩童而言,它是一个同"成人世界"一样真实存在的世界。杨万里希望自己能逃离成人的官场世界,但成人与孩子之间的鸿沟是无法消弭的。除了诗中的儒家和道家元素,这首诗也可以用禅宗思想来解读。对诗人来说,孩子的世界象征着一种状态,在这种状态下,诸如空间和时间之类的"理智化的"(rational)概念被消除,这可以完全摒弃那种把我们困在凡尘中的逻辑思维。明代思想家李贽(1527—1602)同样坚定地认为,为了摆脱世俗的束缚,必须回归到自己的"童心"。[17]尽管李贽也深受道家思想的影响,但这种思想类似于大乘佛教的论点,即万物皆有清净的佛性,这种清净的佛性只会因为欲望和思想而被玷染。

杨万里在一次乘船出行时写了一首短诗,其第二行也包含这样一种从悲伤的情感中获得清净的思想。他写道:

嘲稚子

雨里船中不自由,无愁稚子亦成愁。
看渠坐睡何曾醒,及至教眠却掉头。[18]

尽管这首诗缺少杨万里在其他儿童诗歌中所含的哲学蕴意,但我们能再次体会到杨万里对儿童心理的微妙理解。这首诗的温和幽默与我们在杨万里关于其家庭的其他诗歌中所发现的一致。总的来说,杨万里关于家庭的诗歌表现出了与他所有作品一样的对日常生活的兴趣以及对日常生活与绝对世界之间表面矛盾关系的意识。

二、学者型诗人的社会地位

杨万里的诗歌除了描写他与家人的关系,还经常描写自己亦学亦官的日常生活。在公务不那么繁忙的时候，他的大部分时间都在阅读，而他读书的态度与其诗歌创作理论有着密切的关系。在中国，读书可能比任何其他国家都占有更高的地位，对文字的崇拜在宋代更是习以为常。杨万里自己也觉得，没有什么消遣比在寒冷的冬季看书更令人愉快的了。他写道：

荔枝堂夕眺三首·其二

病骨秋朣怯暮清，凉风偷带北风轻。
迎寒窗隔重糊遍，[19]只放书边数眼明。[20]

宋代印刷术的广泛使用使中国人的阅读量甚至超过唐代，藏书也愈加受到欢迎。很多学者投入大量精力收藏书本，花大手笔购买高质量的印刷品和珍本。杨万里自己年轻时也收藏了一些珍本，充分感受到了珍本与瑕本的区别。他写道：

谢福建茶使吴德华送东坡新集

黄金白璧明月珠，清歌妙舞倾城姝。
他家都有侬家无，却有四壁环相如。[21]
此外更有一床书，不堪自饱饱蠹鱼。
故人远送东坡集，旧书避席皆让渠。
儿时作剧百不懒，说著读书偏起晚。
乃翁作恶嗔儿痴，强遣饥肠馋蠹简。
老来万事落人后，浪取故书遮病眼。[22]

病眼逢书辄著花，笔下蝇头成老鸦。㉓
病眼将奈故书何，故书一开一长嗟。
东坡文集侬亦有，未及终篇已停手。
印墨模糊纸不佳，亦非鱼网非科斗。㉔
富沙枣木新雕文，传刻疏瘦不失真。㉕
纸如雪茧出玉盆，字如霜雁点秋云。
老来两眼如隔雾，逢柳逢花不曾觑。㉖
只逢书册佳且新，把玩崇朝那肯去。
东坡痴绝过於侬，不将一褐易三公。
只将笔头挂月胁，㉗万古凡马不足空。㉘
故人怜我老愈拙，不寄金丹扶病骨。㉙
却寄此书来恼人，挑落书灯搔白发。㉚

按照藏书家的传统，杨万里赞美书本纸张精美、印刷清晰。但在诗的最后几行，他显然也在取笑同样的传统，他建议朋友送些药会更周到，而非昂贵的苏轼诗集。

杨万里在他早年所作的一首诗中描述了学术活动的徒劳，当时他刚刚开始对这种学究气产生抵触心理。他写道：

和仲良春晚即事五首·其四

贫难聘欢伯，㉛病敢跨连钱。
梦岂花边到，春俄雨里迁。
一犁关五秉，百箔候三眠。㉜
只有书生拙，穷年垦纸田。㉝

读书人的贫病交加与农耕、养蚕那类的创造性活动形成鲜明对比，因为东部的农民耕种了真正的田地，但读书人的耕劳却没有收获。杨万里诗歌充满雕琢和典故的风格证明了他仍受到江西诗派的影响，直到开悟之后，他才完全拒绝宋人对书本的崇拜。他写道：

书莫读

> 书莫读，诗莫吟。
> 读书两眼枯见骨，吟诗个字呕出心。
> 人言读书乐，人言吟诗好，
> 口吻长作秋虫声，只令君瘦令君老。
> 君瘦君老且勿论，傍人听之亦烦恼。
> 何如闭目坐斋房，下帘扫地自焚香。
> 听风听雨都有味，健来即行倦来睡。㉞

杨万里在写下这首诗的几个月前就已产生顿悟，现在他已拜别所有诗歌前辈，朝着新的方向出发了。杨万里在诗歌中对士大夫行事习惯的态度，表达了对士大夫阶层所奉之理的强烈疏离。

我们已经注意到杨万里在一生大多数时候对仕途表现出的这种烦厌，而他与整个社会更是产生了更为根本的疏离。杨万里并非唯一有此种感受的人，他的朋友朱熹（1130—1200）也在诗作中表达了类似的情感。事实上，杨万里的这种态度在古代中国非常普遍。他在回乡时写了一首充满绝望气息的诗来发泄自己的沮丧之感：

次日醉归

日晚颇欲归，主人苦见留。
我非不能饮，老病怯觥筹。㉟
人意不可违，欲去且复休。
我醉彼自止，醉亦何足愁！
归路意昏昏，落日在岭陬。
竹里有人家，欲憩聊一投。
有叟喜我至，呼我为君候。
告以我非是，俯笑仍掉头。
机心久已尽，犹有不下鸥。㊱
田父亦外我，我老谁与游。㊲

在杨万里而言，"人意不可违"的社会生活让他受到了极大的限制。尽管在醉酒之中，他似乎暂时超越了世俗，但社会固有阶级差异所导致的他与农民之间的疏离最终还是阻遏了他。杨万里意识到，从"机心"中解脱出来的自由割断了他与社会的联系，但他仍然必须生活在由人群组成的世界里。

作为一名诗人，杨万里感到自己与社会脱节严重，对朝廷的关心不断地扰乱着他的创作思绪。他写道：

正月三日宿范氏庄四首·其二

野践得幽咏，不吐聊自味。
健步忽传呼，云有远书至。

开缄只暄凉，此外无一事。
奇怀坐消泯，追省宁复记。
方欢遽成闷，俗物真败意。
山鹊下虚庭，对语含喜气。
一笑起振衣，吾心本无滞。㊳

来自外部世界的"暄凉"打断了杨万里的创作过程，这种情况在他公务繁重期间屡次出现。尽管如此，这首诗还是为解决创作与世俗生活之间的矛盾提供了一条途径，因为杨万里一旦意识到他的内在纯粹保护了自己免受外部世界的腐蚀，他自己就摆脱了痛苦。

尽管有可能超越世俗，但这位诗人的命运远达不到幸福，贫困是最困扰他生活的方面之一。他写道：

戏笔

野菊荒苔各铸钱，㊴金黄铜绿两争妍。
天公支与穷诗客，只买清愁不买田。㊵

诗人可能一贫如洗，但李白的不朽绝非金钱可以衡量的。他写道：

望谢家青山太白墓二首·其一

阿朓青山自一村，㊶州民岁岁与招魂。㊷
六朝陵墓今安在，只有诗仙月下坟。㊸

与"诗仙"李白相比,历代的皇亲国戚都算不上什么。步入老年时,杨万里已经意识到自己将跻身于中国文学的不朽之列,他意识到自己处在一股前无古人后无来者的带有永恒创造力的洪流之中。他写道:

醉吟

古人亡,古人在,古人不在天应改。
不留三句五句诗,安得千人万人爱。
今人只笑古人痴,古人笑君君不知。
朝来暮去能几许,叶落花开无尽时。
人生须要印如斗,㊹不道金槌控渠口。㊺
身前只解皱两眉,身后还能更杯酒。
李太白,阮嗣宗,㊻当年谁不笑两翁。
万古贤愚俱白骨,两翁天地一清风。㊼

杨万里沉溺于诗人的虚荣中,认为诗人的生命比"求官印"的普通人更有价值,更少受制于腐灭,因为过去的诗人会活在现在和未来的人们心中。

杨万里认为诗人会永垂不朽,这种观点在当时并不新鲜,但他的思想比前人更甚,甚至否定了后人之于创造性诗人的重要性。他写道:

出横山江口

白壁当江岸，青旗定酒家。㊽
断崖侵屋窄，细路入门斜。
县近瞻双塔，洲横隔一沙。
何须后来客，始信此诗嘉。㊾

在这首诗中，杨万里是在嘲弄后世的读者，正如他觉得李白和阮籍是在嘲弄杨万里自己及其同时代的诗人一样。对诗人这一职业其超越性的普遍信念在中国历史中由来已久，但杨万里对学究气的排斥使他与同时代诗人及后代诗人产生了某种联系，因为现在的诗歌创作已经完全成为一种独立的个人行为。显然，杨万里知道后代会读到他的诗作，但在大多数情况下，他仍然仅仅是在为自己创作。

三、社会批评与田园生活

日本近代学者吉川幸次郎在研究宋诗时提出，宋诗最显著的特点之一是大多数诗人都具有深刻的社会责任感，杨万里当然也不例外，这可以从他在职时为民请命的作为中窥见一二。㊿但吉川幸次郎认为，唐、宋作家对待农民的态度是有根本区别的，这一点虽在他的书中没有进行深入的探讨，但事实确是如此。

以杜甫、白居易为代表的唐代诗人，在诗中对剥削农民的现象加以批判，这种创作传统可以追溯到汉代，甚至周代。在汉代评论者看来，《诗经》中的诗作由朝廷官员统一收集，是为了从诗作中观得民情与政治得失㉑，汉代及之后的民间诗歌和"乐府诗"也应是如此保存下来。㉜因此，白居易将自己抗争社会不公的诗称为"新乐府诗"。这并非巧合，因为他希望诗中对农民的描写能对政府起到警示作用以纠正其滥用权力的现象，防止政治动荡。㉝杜甫和白居易对农民的同情，是唐代学者真正扩大人性观念的一个缩影。但我们不应忘记，这份同情来源于他们将农民视为政治晴雨表，可以预报在农村即将发生的风暴。只要农民吃饱饭，没有过分抱怨，唐代知识分子就可以把注意力集中在其他方面。对杜甫和白居易等人来说，农民在很大程度上是一种抽象的存在，是批评政府腐败无能的一件称手的工具。

在宋代，农民也有着同样的作用，杨万里的许多描写农民的诗都是以类似于唐代诗人的方式写成的：

过白沙竹枝歌六首㉞·其三

绝怜山崦两三家，不种香粳只种麻。
耕遍沿堤锄遍岭，都来能得几生涯。㉟

当时由于大量难民逃离南方，南宋人口空前增长，这造成土地严重短缺，一度令执政者困扰万分。杨万里对这个问题尤其关注。

杨万里的诗作对土地短缺问题的批评无疑一针见血，但是他诗中的不同寻常之处，使其比白居易诗中那类偏向一端的社会批评更加显著。㊱与唐代诗人不同的是，杨万里对农民的同情源于对农民生活的感同身受。他完全熟悉中国农民设法维持生计的那种艰苦。这种对农家生活的亲身体验唤起了杨万里对开垦山区的勤劳农民的强烈钦佩。杨万里没有只把贫苦农民抽象成为政府无力解决土地问题的象征，他真的很尊重农民，因为他们为维持生计付出了巨大的劳碌。

杨万里在另一首诗中表达了他对下层阶级的同情，这让我们更清楚地看到了他的悯农诗与早期作品的区别：

蜑户[57]

天公分付水生涯，从小教他踏浪花。
煮蟹当粮那识米，缉蕉为布不须纱。
夜来春涨吞沙嘴，急遣儿童斸荻芽。[58]
自笑平生老行路，银山堆里正浮家。[59]

在选题材方面，杨万里与众不同。他没有描写普通农民的困境，而是描写了南方少数民族的艰难生活。对李白等初唐时期的诗人来说，船民的生活是非常浪漫的，因为以水为生似乎将他们与正常生活分隔开来[60]，但杨万里并不认同这种浪漫化的观点，他描写了船民的实际生活。他抨击朝廷对船民的不公平政策，他谴责"天公"（即皇帝），诉说船民悲惨的命运。但他的作品比白居易表达抗争的典型诗歌更现实，因为杨万里笔下的船民，尽管生活悲惨，但仍继续谋生。与早期的诗作相比，杨万里诗歌中的这种现实主义，表明他所感兴趣的不是底层民众那种象征社会不平等的抽象意义，而是将他们视作和自己一样的人。

除了把农民作为政治晴雨表，中国知识分子书写农民，还因为自汉代灭亡后农民已经成为摆脱无聊日常生活和规避仕途风险的象征。因此，不甘"为五斗米折腰"[61]的陶渊明隐居起来，过上了农民生活。杨万里有时也感同身受：

晚春行田南原

西畴前日尘作雾，南村今日波生路。[62]
云子从来疏广文，[63]冲雨学稼当辞勤。
农言秧好殊胜麦，其如绿针未堪吃。[64]
吾生十指不拈泥，毛锥便得傲蓑衣。
只愿边头长无事，把耒耕云且吾志。
不愁官马送还官，借牛骑归不用鞍。[65]

杨万里的诗与前代的诗歌不同，它将田园的悠然生活与仕途的紧张焦虑气氛进行了对比。尽管杨万里渴望简单的乡村生活，但也表达了对劳动群众的愧疚感，因为他们背负繁重的税收以供养庞大的官僚体制。这种情感早在九世纪的白居易的诗中已然得见[66]，但杨万里的诗以更深刻的现实主义色彩而再出众。尽管杨万里声称他的手指从未触摸过泥土，但他对水稻丰收条件的熟悉程度可以证明他与农民之间的密切联系。由于对农民艰难生存的现状有更深入的了解，将农民视为超凡脱俗象征的古老浪漫主义观点已经被改变。

宋代诗人对底层农民阶级困境的描述更为现实，原因可能在于唐代世家大族的终结和科举制更彻底的实施，使得阶级隔障被削弱而社会流动性增加。宋代的许多高官和著名文学人物都属于中等阶级,甚至是富农出身,所以他们年少时有机会亲身观察农村的情况,在很多情况下还直接从事农业劳动。从哲学上说,这种社会范围上的扩大导致了儒家基本术语"仁"有了更广泛的扩展。在早期的儒家思想中,人的爱应该是分等级的。但十一世纪思想家张载(1020—1077)曾言:"乾称父,坤称母……民吾同胞,物吾与也。"⁶⁷张载在这方面可能受到了佛教中慈悲为怀、普度众生教义的影响,这种对全体人类慈悲为怀的情感让像杨万里这样的诗人能够关心到普通人的悲欢离合:

观稼

三年再旱独堪闻,一熟诸村稍作欣。
老子朝朝弄田水,眼看翠浪作黄云。⁶⁸

在这首诗中,杨万里既没有把农民当作政治抗争的工具,也没有试图逃离到一个虚构的田园世界。他对全人类的认同感使得他在看到水稻丰收时油然地产生喜悦。

宋代社会的人文观念不断扩大,使像杨万里这样的大诗人认识到,普通人的技艺与士大夫们的文艺是一样的:

道旁店

路旁野店两三家,清晓无汤况有茶。
道是渠侬不好事,⁶⁹青瓷瓶插紫薇花。⁷⁰

我们已经看到，杨万里的朋友尤袤质疑区分大诗作和小诗作的做法，在这首诗中，杨万里展现了他可以欣赏任何人的艺术灵感，无论他的阶级背景如何。

社会批判类诗作中的现实主义基调和对农民生活的个人化介入，是杨万里乡村诗中极具吸引力的部分。他和同时代人最令人钦赏的创新之处是对中国农村日常生活的描述。历史学家们哀叹中国史料中关于农民生活的材料太少，但如果他们只看杨万里和同期诗人的诗作就会发现南宋时期有大量可靠的材料。杨万里简直被农民生活的各种节日迷住了，这些节日打破了乡村生活的单调乏味：

观小儿戏打春牛⑪

小儿着鞭鞭土牛，学翁打春先打头。
黄牛黄蹄白双角，牧童绿蓑笠青篛。⑫
今年土脉应雨膏，去年不似今年乐。
儿闻年登喜不饥，牛闻年登愁不肥。
麦穗即看云作帚，稻米亦复珠盈斗。⑬
大田耕尽却耕山，黄牛从此何时闲？⑭

在杨万里的批判类诗作中，我们注意到新现实主义以一种完全非政治化的方式出现，很明显，杨万里并非仅将农民视为有关政治的风向标。

他留给我们高度写实的农民生活片段，只能是他个人细致观察的结果：

插秧歌

田夫抛秧田妇接，小儿拔秧大儿插。
笠是兜鍪蓑是甲，雨从头上湿到胛。
唤渠朝餐歇半霎，低头折腰只不答。
秧根未牢莳未匝，⑦照管鹅儿与雏鸭。⑦

尽管杨万里可能通过"兜鍪"和"甲"这样的词对农民做了些许理想化，但他笔下所描绘的不是"土地上的巨人"（titans of the soil），而是他实际观察到的真实人物。

我们能看到，杨万里对儿童世界十分感兴趣，也包括村童：

安乐坊牧童

前儿牵牛渡溪水，后儿骑牛回问事。
一儿吹笛笠簪花，一牛载儿行引子。
春溪嫩水清无滓，春洲细草碧无瑕。
五牛远去莫管他，隔溪便是群儿家。
忽然头上数点雨，三笠四蓑赶将去。⑦

杨万里对村童生活高度写实的描写，是迄今为止所有涉及农人诗歌的典型代表。但这首诗展示出了日常生活和理想生活之间的细微差别。这是禅宗的基本教义，也是杨万里迷恋日常世界的原因之一。

在大量描绘儿童骑水牛或农民牵牛过田的画作中,西方艺术评论家未能发现任何特殊的象征意义,因此我们或许可以将杨万里的这首诗视为其乡村类诗歌的又一范例。[78]然而,任何熟悉中国禅宗文献的宋代学者都会立即将杨万里的诗和相关画作与宋代最广为人知的寓言联系起来。在宋代,一位禅宗大师绘制了十幅画,其中他把禅宗僧人寻求觉悟的过程比作一个小男孩寻找一头丢失的水牛。最终,男孩发现了水牛的踪迹,抓住了水牛并骑着它回了家。回到家后,男孩忘记了水牛。接下来,男孩和水牛都被遗忘了,就像禅师最终必须忘记他自身涅槃的目标才能开悟一样。最后,在该系列的最后一幅画中,主体进入了日常生活的世界。在为这幅画配写的诗中写道:"露胸跣足入廛来,抹土涂灰笑满腮。"[79]对这首诗的一种评论如下:"提瓢入市,策杖还家。酒肆鱼行,化令成佛!"[80]因此,一方面,杨万里的这首诗是对牧童牵牛回家高度写实的描述;但在另一方面,这首诗可以被视作禅宗终极真谛的寓言。[81]然而,对禅宗来说,没有必要区分出两个层面,因为两者对其来说是相同的。

注　释

① 陶潜,《四部丛刊·笺注陶渊明集》,3-37a。由海陶玮(J. R. Hightower)译为英文 *The Poetry of T'ao Chien*(牛津:克拉伦登出版社,1970),第163—165页。
② 杜甫,《四部丛刊·杜工部诗》,1-53a。
③ 引用杜甫诗句:"遥怜小儿女,未解忆长安。"参见《哈佛燕京学社汉学

引得丛刊·杜诗引得》,增刊第14卷(再版,台北,1966),295/6/4。
④ 1-8b;1-6a;13。
⑤ 16-145b;17-1b。
⑥ 引用大书法家王羲之(321—379)《兰亭集序》,该序描述了上巳节王羲之与好友曲水流觞的故事。
⑦ 40-385b;41-12b。
⑧ 梅尧臣,《四部丛刊·宛陵先生集》,28-243b。梅诗《舟中夜与家人饮》是笔者所知最早呈现诗人与妻子同游比与男性友人同游更开心兴奋的诗。
⑨ 李商隐,《四部丛刊·李义山诗集》,1-1b。
⑩ 用"葱"来形容纤细的手指;鹦鹉极有可能是一种装饰物,而非真鸟。
⑪ 25-238b;27-12b;156。
⑫ 《四部丛刊·笺注陶渊明集》,2-15b-17a。海陶玮译本,第50—56页。
⑬ 《四部丛刊·老子道德经》,1-8b。
⑭ 瑞香:瑞香科瑞香属植物;萱草:百合科萱草属植物;薜:草本植物。这些植物在宋代都是流行的园艺作物。
⑮ 金谷园是晋代富翁石崇(249—300)的著名花园,石崇有奢靡残暴的恶名。
⑯ 20-189a;22-4b;141。
⑰ 参见李贽,《焚书》(北京:中华书局,1961),第97—99页。
⑱ 24-229a;27-2b;153。
⑲ 玻璃在中国广泛使用以前,大部分窗户都是用纸糊的,就像今天很多日本房屋的窗户一样。
⑳ 17-156a;19-2a;125。
㉑ 据传记所记载,诗人司马相如(前179—前118)曾穷困潦倒,以至"家居徒四壁立"。参见《史记》,开明书局,254-c。
㉒ 引自《大正藏·景德传灯录》:"有僧问(药山)和尚'寻常不许人看经为什么却自看?'师曰,'我只图遮眼。'"参见《大正藏·景德传灯录》,第312-b页。杨万里此处意在说明自己只是将书放到眼前,但并未阅读。
㉓ "蝇头"指书写工整的字,"老鸦"则指马虎草率的字。

㉔ "鱼网"指品质好的纸张,如东汉时期纸张的发明者蔡伦就是使用布料和渔网制成了纸张。"科斗"指古篆书中的字,但杨万里此处只用来形容字体优美。

㉕ 宋版书由雕版印刷而成,雕版字体常常模仿著名书法家们的字体风格。"疏瘦"指初唐时期流行的书法字体,宋代收藏者十分钟爱这种字体。

㉖ 花、柳在以前曾表示娼妓,杨万里此处可能指不寻常的植物。

㉗ 引自皇甫湜(约活跃于813年)为顾况(约820年卒)所作序中的语句:"偏于逸歌长句,骏发踔厉,往往若穿天心,出月胁,意外惊人语,非寻常所能及,最为快也。"参见皇甫湜,《皇甫持正集》,2-7b。

㉘ 引自杜甫诗句"斯须九重真龙出,一洗万古凡马空"。参见《杜诗引得》,121/12/24。

㉙ 指道教长生不老丹,人们迷信地认为它可以治疗所有疾病,并让人返老还童。

㉚ 16-147a;17-3a;119。

㉛ "欢伯",酒的别名。

㉜ 指蚕在抽丝前的四个休眠期。

㉝ 1-10b;1-8a;14。

㉞ 12-114a;13-6a。

㉟ 酒令筹,饮酒游戏时的工具。

㊱ 来自《列子》中的故事:"海上之人有好沤者,每旦之海上从沤鸟游,沤鸟之至者百往而不止。其父曰:'吾闻沤鸟皆从汝游,汝取来,吾玩之。'明日之海上,沤鸟舞而不下也。"参见《四部丛刊·冲虚至德真经》,2-8a。杨此处旨在说明虽然他并不像故事中的人一样有所心机企图,但是有些老农还是对他保持戒备,并远离他。

㊲ 5-46a;5-2b;51。

㊳ 18-166a;20-2b;126。

㊴ 野菊和荒苔都是硬币一样的圆形植物,分别是金色和铜色。

㊵ 14-132b;15-6a;113。

㊶ 谢朓(464—499),南齐著名诗人,曾在青山中建有一住宅。李白十分仰

㊶ 慕谢朓，去世后被埋在青山西北。
㊷ 召唤李白的魂魄是中国古代民间习俗中流行的一种巫术活动。
㊸ "诗仙"是李白的别称。笔者采用了周汝昌对该诗的校勘版本（32-312a；35-1a；197）。
㊹ 大的印章曾是较高官职的象征。
㊺ 来自庄子："儒以金椎控其颐。"参见《四部丛刊·南华真经》，9-193b。杨旨在说明人们常常不惜生命追求高官厚禄。
㊻ 魏晋诗人阮籍（210—263）和唐代诗人李白都以饮酒和桀骜不驯闻名。
㊼ 10-95a；11-5a；86。
㊽ 至少从唐代开始，"青旗"就常挂在客栈和酒家外面。
㊾ 26-249a；28-10b；162。
㊿ 吉川幸次郎（Yoshikawa Kōjirō），《中国古典诗歌选集·宋诗概说》(*Sōshi Gaisetsu, Chūgoku Shijing Senshū*)，（东京：株式会社岩波书店，1962），第27—29页。由伯顿·沃森（Burton Watson）在《宋诗概说》(*An Introduction to Sung Poetry*)中译为英文，（剑桥：哈佛大学出版社，1967），第19—21页。
㉛ 参见伯顿·沃森，《中国早期文学》(Early Chinese Literature)（纽约：哥伦比亚大学出版社，1962），第202—203页。
㉜ 同上，第289—290页。
㉝ 参见白居易《新乐府序》，《四部丛刊·白氏长庆集》，31-17a。
㉞ 竹枝歌是一种起源于四川的民歌形式；唐代时刘禹锡曾模仿这种民歌进行创作，此后在上层社会流行开来。
㉟ 26-249b；28-11b；164。
㊱ 白居易的作品中处处可见此种类型的诗歌，但更常见的是新乐府体诗。读者可参考白居易的《杜陵叟》进行比较，诗人在该诗中批评了官府税赋沉重。虽然白居易旨在同情贫苦农民，但他也大量使用了税收官员贪婪的刻板印象。他对农民的同情具有很强的政治性。参见《四部丛刊·白氏长庆集》，4-22c。
㊲ 蛋户，又叫但户或蜑户，多位于华南沿海地区。古时被视为贱族，不准陆居。

(58) 父亲此时行事匆忙，因为他深知全家禁止踏入陆地，而用于充饥的菰芽也只是短暂地被冲到水面上来，因此需要快速采摘。

(59) 16-149b；18-1a；123。

(60) 如人们所知，李白对船女尤为感兴趣，这种兴趣可能是由船女从事的娼妓活动引起的。具体可见李白《越女词》其二、其三和其四，《四部丛刊·分类补注李太白诗》，25-348b。

(61)《四部丛刊·笺注陶渊明集》，10-92b。

(62) 也就是说，这里刚下过一场大雨。

(63) 在这句诗中，杨万里将自己比作杜甫的好友郑虔（759 年卒），郑虔曾任广文馆博士，杜甫曾为其作诗，写出了郑的窘境："广文先生饭不足。"参见《哈佛燕京学社汉学引得丛刊·杜诗引得》，14/18/4。

(64) 麦田几乎全部受损，而稻子还未成熟无法食用。

(65) 2-19b；2-6b；33。

(66) 参见白居易诗歌《观刈麦》，《四部丛刊·白氏长庆集》，6-32c。

(67) 张载，《四部备要·张子全书》，1-1a 和 1-3a。

(68) 6-62b；7-5a；61。

(69) 意思是说田间农夫不爱多事。"好事"被用来形容对闲事，甚至是艺术感到好奇的人。

(70) 32-306b；34-7b；195。

(71) 打春牛是宋代时期广为流传的习俗。立春之日人们用土塑成牛的形状，仪式性鞭打土牛，将其打成碎片以保佑一年的五谷丰登。更有甚者认为土牛可以治疗各种疾病。

(72) 在杨万里所参观的仪式上，显然还有一个男童的塑像。

(73) 成熟的麦田如同天边的云彩，麦穗就像扫帚头一样。

(74) 12-113b；13-5a；101。

(75) 在插水稻秧苗时，要先将秧苗扎成小捆。

(76) 13-124b；14-6a；107。

(77) 34-323a；35-12a；207。

(78) 例如，来自杨万里同时期的南宋作品。参见《SJHT》，第 29 幅，以及中国台北故宫博物院中国画展示，E 列，第 2 张。

㊻《卍续藏经·十牛图颂》(Dai Nippon Zoku Zōkyō, Shih-niu t'u-sung)，第 2 编，第 18 套，第 5 册，第 461 页。

㊼ 同上。

㊽ 多塔内·肯尤（Dotane Ken'yu）曾在《禅文化》(*Zen Bunka*) 上的一篇文章《牛与祖先》(Ushi to Zenso) 中研究过牛或者水牛与禅宗的关系（第 67 卷，1972 年 12 月，第 14—20 页）。他先讨论了牛在中国宗教哲学背景中的意义，然后讨论了宋代禅师所作的牧牛诗与宋代绘画之间的联系。杨万里的好友陆游曾为辛弃疾作过一首关于牧牛的诗歌。他写道："参透南宗牧牛话。"参见《四部备要·陆放翁全集》，57-4b。

第六章 自然界

一、总论"自然"

毫无疑问,对宋代诗歌甚至说可能对中国诗歌本身而言,其最重要的主题就是自然。自然在中华文明中的地位比在其他文明中更高,最早在《诗经》中(公元前七世纪及更早),我们就可以发现诗句中表现出了人们对动植物多样性和神秘的生老病死现象的持久敬畏之心。在之后的几个世纪里,对自然的崇爱成为周朝道家思想的基础之一,这一思想强调人与环境的全面和谐。在新道家思想的影响下,四世纪的陶潜、谢灵运等作家摒弃了汉代文人的宫廷题材,创作了中国历史上第一批纯写自然的诗歌。在古代印度,佛教并没有与任何特定的自然崇拜联系在一起,但当佛教引入中国时,它吸收了中国人对自然事物的崇爱。因此,许多享有盛名的寺庙都建在庐山或天台山等美丽的风景之地,佛教主题也逐渐渗透到中国的自然类诗歌之中。到了七世纪,伟大的山水诗人和风景画家王维(701—761)从著名的印度佛教俗家弟子维摩诘那里获得启发,给自己取了"摩诘"这个字。

尽管在杨万里的诗歌中,人世间仍然占有非常重要的地位,但他也对自然类的主题兴趣盎然。他热爱自然的原因有多方面,在欣赏壮丽的风景时,除了感受到纯粹的感官愉悦,还有思想和精神上的因素需要考虑。事实上,我们经常发现,当杨万里遇到一段特别美的风景时,他似乎会进入恍惚状态。穿过著名的鄱阳湖时,他写道:

四月十三日度鄱阳湖①

泊舟番君湖,②风雨至夜半。
求济敢自必?苟安固所愿。
孤愁知无益,暂忍复永叹。
夜久忽自睡,倦极不知旦。
舟人呼我起,顺风不容缓。
半篙已湖心,一叶恰镜面。
仰见云衣开,侧视帆腹满。
天如琉璃钟,下覆水晶碗。
波光金汁泻,日影银柱贯。
康山杯中蛭,庐阜帆前慢。③
豁然地无蒂,渺若海不岸。
是身若虚空,御气游汗漫。
初忧触危涛,不意拾奇观。
近岁六暄凉,此水三往返。
未涉每不宁,既济辄复玩。
游倦当自归,非为猿鹤怨。④

这首诗的开头很普通,有人可能怀疑他将会听到一首关于这位士大夫遭际的咏叹。然而，船到达湖中心时，杨万里似乎就进入了一个与普通感知世界相分离的世界。与浩瀚的湖水相比，这艘船相形见绌，看起来像是一片在镜子表面滑翔的小叶片。突然间，整个世界发生了神奇的变化，即那种"天如琉璃钟，下覆水晶碗"，普通的湖水和阳光变成了金银。杨万里脱离了地面，进入了一个完全没有方向和边界的迷雾般的世界。他的身体好似进入了一片虚空之中，他乘风而行，完全脱离了与世俗的联系。这种出神的状态听起来貌似有道家意味，但"是身若虚空"很可能指的是佛教的"空"义，即现象界的虚空。无论如何，在这首诗中，道教和佛教之间的区别是极其模糊的，因为宋代诗人很难意识到这两种哲学神秘体验之间的差异。

无论我们关注的是杨万里诗中的佛教元素还是道教元素，他对自然环境中神秘事物的描述都与其同时代山水画中的许多场景有着强烈的相似之处。虽然山水画始于南北朝，并在唐代继续发展，但它通常被视为较低的艺术形式，直到宋代之前的五代时期才成为中国的主导绘画风格。⑤在唐代及更早时期的艺术创作中，人类世界占据主要地位。但在南宋绘画中，士大夫们却沉迷在对自然世界的冥想中。这些人的面部表情通常被隐藏起来，但看到他们的脸时，我们通常会注意到他们似乎处于一种平静的出神状态。十三世纪画家马远的一幅特别壮丽的画作描绘了两位老人出神地凝视着他们面前⑥雷鸣般的瀑布。尽管两人并肩而立，却毫无交流，完全沉浸在冥想之中。他们观看瀑布飞流直下的原因之一，在于它象征着宇宙的不断变化以及佛教徒的无常轮回。但也许更重要的是，他们可以完全沉浸在周遭的自然环境中，摆脱自我（梵语"阿特曼"，汉语"我"），而对自我的执着是开悟路上的主要障碍。我们已经看到，当杨万里迷失在鄱阳湖的美景中时，他的身体是如何变得"空虚"的。同样，同时代的画家也在无际的山水中卸下了自我。宋代的艺术家们缩小人类在自然环境面前的尺寸，不一定是为了提醒在自然面前人是多么渺小，而是意在为了让人摆脱对自我的依恋。

中国诗人和画家希望在什么样的自然中释放自我？儒家认为，自然背后有一种伦理秩序，这种秩序在过去的政治历史中表现为天命的不断变化。这种自然观可能被扭曲了，成为迷信上天预兆的理由；但也可能导致宋代新儒家的"格物致知"学说，即通过仔细观察自然和人文现象来探索自然的伦理结构。在中国早期思想中，道家是道德本位儒家自然观的主要替代者，老子的"天地不仁，以万物为刍狗"⑦就是其典型代表。这种学说并不意味着自然必然对人类有害，而是认为儒家关于宇宙伦理结构的观点是一种错觉，自然对人类完全没有偏爱。

尽管儒家和道家的自然观较为常见，但中国诗人也曾坚信自然与人类完全敌对。在晚唐时期，这种悲观主义达到了顶峰。李贺（790—816）、韩愈⑧和吕洞宾（卒于835年）⑨等诗人认为，自然对人的态度在很大程度上是充满恶意的。李贺在他著名的诗歌《公无出门》中写道："天迷迷，地密密。熊虺食人魂，雪霜断人骨。"⑩

在杨万里的一首诗中，我们看到了一个不像李贺那般充满恶意但仍敌意满满的宇宙：

苦吟

蚁无秋衣雁无裘,霜天谋食各自愁。
雁声寒死叫不歇,蚁膝冻僵行复休。
先生苦吟日色晚,老铃来催吃朝饭。
小儿诵书呼不来,案头冷却黄斋面。⑪

尽管大自然似乎缺乏对生灵的怜悯,杨万里作品中描绘的家庭场景却具有李贺诗中所缺少的人情味。寒冷的天气让杨万里感到压抑,但自然的力量并没有压倒他,这一点在后来的一首类似主题的诗中体现得更为明显:

后苦寒歌

白鸥立雪胫透冷,鸬鹚避风飞不正。
一双野鸭欺晚寒,出没冰河底心性。
绝怜红船黄帽郎,⑫绿蓑青箬牵牙樯。
生愁堕指脱两耳,芦花亦无何许藏。
遣骑前头买干荻,速烘焰火与一炙。
三足老鸦寒不出,⑬看云诉天天不泣。⑭

大自然的生灵再一次被遗弃,自生自灭。最后一句"天不泣"的说法与老子关于大自然并无人性的论断如出一辙。然而,这首诗中的大自然并不像李贺作品中那样充满敌意,因为鸭子似乎不难抵御寒冷,尽管乘船稍有点寒冷,但杨万里被船夫如画般的衣着打动。最重要的是，杨万里是一边委身在炉子边烤火，一边回忆旅途的种种艰辛。

另一首同名诗进一步强调了杨万里那种即使在天气最恶劣的冬季也能保有的舒适感：

苦寒三首·其一

畏暑长思雪绕身，苦寒却愿柳回春。
晚来斜日无多暖，映著西窗亦可人。⑮

在这首诗中，我们感觉到我们的痛苦是相对于环境而言的，因为在炎热的夏天，我们渴望冬天带给我们的寒冷。而无论天气多么寒冷，我们总能躲进舒适的家中，避开狂风的侵袭，享受阳光带给我们的一点热量。李贺等晚唐诗人对大自然的悲观看法是极端的，但他们对生活和自然的态度只是至少从四世纪到大约十世纪左右中国知识分子中普遍存在的忧郁情绪的一种加剧。宋代诗人摒弃了世界与人类为敌的观点，中国文学再也不一样了。

二、风景

我们已经从总体上讨论了杨万里对自然的态度，接下来我们探讨一下他描述自然时最重要的方面，即对山水的处理。在这里，我们又会发现了解当代绘画是有用的，因此我们必须首先谈一下十二世纪之前和期间中国山水画的演变情况。五代和北宋的艺术家认为山水画是绘画的最高形式，因此山水画比唐代时处于主导地位的宫廷画和佛教画更受重视。生活在十一世纪早期的北宋绘画大师范宽⑯和郭熙⑰创造了一种极具独创性的单色水墨风格,在这种风格中,人类在巍峨高耸的山峰面前完全相形见绌。⑱特别是在郭熙的杰作中,狂野起伏的山峰有了自己的生命,似乎人类在宇宙图景中变得完全多余。⑲

北宋的许多山水诗与此类绘画十分相似,这一点不足为奇,与郭熙同时代的苏轼就写道:

但见两崖苍苍暗绝谷,中有百道飞来泉。
萦林络石隐复见,下赴谷口为奔川。⑳

尽管北宋画作的宏伟毋庸置疑,但人们难免会觉得这些风景太过冷峻和遥不可及,普通人难以在其描绘的荒野和桀骜不驯的大自然中长久逗留。事实上,中国艺术家很快就厌倦了这些凌于凡人之上的山水风景画。在杨万里所在的这一代,山水画发生了一场彻底的变革。这场变革的最终结果是马夏(马远和夏圭)画派的形成,这种风格在十二世纪余下的时间里一直主宰着中国艺术,直到最终被元代的大师们取代。

简要介绍一些马夏画派是有必要的,因为这有助于我们理解杨万里在山水诗领域的创新,尽管马夏画派的两位主要成员马远(1140—1225)㉑和夏圭(1180—1230)㉒都生活在杨万里之后的一代。但杨万里在世时,新风格的转变已然开始,因此我们可以直接参考这两位大师的作品。在马夏画派典型的山水画中,人们立刻对用笔的棱角分明和形式的简化印象深刻,这使大部分的画作都具有书法的特质。㉓这种更抽象的特质与北宋山水画中山石树木的繁茂细节和"写实"风格形成了鲜明的对比。虽然没有什么直接的文献证据，但人们很容易认为，南宋山水画家的抽象性更强，是受到了两宋禅宗画家的影响，他们试图通过简洁的绘画传达顿悟的即视感。㉔

然而，我们对马夏山水画风格特征的兴趣不如对其实际内容的兴趣大。典型的马夏式山水由平缓的山峦组成，它们部分地沐浴在白雾云海之中。画中通常有人烟，还可以看到人在山景中漫步。这些画作最显著的特点是，宋代的山水画首次还原成一种人文视角。因为郭熙和李成笔下的峭壁完全消失了，远山流畅的轮廓线也未被任何东西打断。在马夏的山水画中，人们可以舒适地漫步。但事实上，这些作品中的人迹比北宋绘画要稠密得多。薄雾和云气从来没有暗示过暴风雨的可能性，而是通过消除自然界中的各种事物的粗糙轮廓来增强宁静的气氛。在马远的许多画作中，有一种不可否认的"甘甜"（sweetness），这种甜味为西方人极力追捧，却遭到元代画师的强烈反对。综上所述，至少从表面上看，马夏派的山水风景提供了一处友好之所，正是为杨万里这样的文人雅士而设。㉕这种友好的特质在杨万里的一首诗中可以找到，诗中描述了一座山，它很适合被画笔勾勒：

舟过鹅行口，回望和州鸡笼山

两月青山不暂离，入城未见有山时。

万峰送我都回去，只有鸡笼未肯辞。㉖

一幅画很难像一首诗那样明确地表达自然中的人文特质，而杨万

里通过将风景拟人化来突出这些人文特质,其程度在中国诗歌中是前所未有的。他写道:

早炊新林望见钟山

辞奉钟山一月前,如何知我北归轩。
不通姓字殷勤甚,忽到新林野店边。㉗

如果我们把这首诗与李白的一首名诗做比较,杨万里诗歌的独创性则显得更加醒目:

独坐敬亭山

众鸟高飞尽,孤云独去闲。
相看两不厌,只有敬亭山。㉘

虽然李白所说的是一种与山的相伴,但他的诗实际上是在关注自己的孤独,这种孤独又因鸟儿飞尽,只留一片孤云飘过而更加强烈。李白和山的关系与杨万里截然不同,因为李白似乎更沉浸于自己的孤寂,而不是与山相伴。尽管山与他继续相依相存,但他们的友谊就像李白与同时代人的关系一样冷漠淡然。与之形成鲜明的对比是,杨万里的山被赋予了宋代士大夫所有的人性特质,因为它虽然不了解杨万里的名字或社会地位,但它仍然真诚地希望建立起亲密的友谊。杨万里笔下的山不是画家郭熙笔下的峭拔山峰,而是南宋马夏山水画中的平缓山峦。在一篇描写日出的佳作中，杨万里与自然事物的亲密关系显而易见：

羲娥谣

羲和梦破欲启行，紫金毕逋啼一声。[29]
声从天上落人世，千村万落鸡争鸣。
素娥[30]西征未归去，簸弄银盘浣风露。
一丸玉弹东飞来，[31]打落桂林雪毛兔。[32]
谁将红锦幕半天，[33]赤光绛气贯山川。
须臾却驾丹砂毂，[34]推上寒空辗苍玉。
诗翁已行十里强，羲和早起道无双。[35]

如此长篇大论地描写旭日东升，在中国传统文学中极为罕见，但这首诗最新颖之处在于作者将自然天体拟人化。在《早炊新林望见钟山》一诗中，杨万里将钟山拟人化，把它描写成一位和蔼可亲的宋代学者；但在这首诗中，杨万里则使用了完全不同的手法。借助中国民间神话，太阳变成了日神羲和，月亮变成了皓月美人嫦娥。杨万里借助民间神话赋予了自然天体以人的特质，将日月变化的奥秘变得可以被人们理解。此外，他还表明自己是拟人化的太阳、月亮和星星群体中的一员。因此，看似遥不可及的天体被赋予的人类特质让他可以与之交流，并暗示自己甚至比太阳神本人还要勤劳。

对日出的拟人化处理，杨万里感到很满意，他又写了另一首以晨月为主题的诗，其中运用了许多相同的手法：

早入东省,残月初上㊱

秉烛趋省署,两街犹闭门。
素娥独早作,碧沼浣黝盆。
宝钿剥见漆,半棱光剩银。
忽作青白眼,圜视向我嗔。
黑气贯瞳子,侧睨不敢真。
皎然一玉李,㊲前行导征轮。
荧然数金粟,㊳后扈从车尘。
朝鸡传三令,都骑争载奔。
星芒销欲无,月影淡失痕。
金鸦飞上天,吐出红龙鳞。㊴

杨万里再次通过广为人知的神话故事将天体神拟人化,但在这首诗中,月亮比前一首作品中的月亮更有人性色彩,其很容易让人联想到中国宋代的某个风情妩媚的女子。如果我们将这首诗与李白的典型诗作进行比较,就会明白杨万里对月亮的描写具有多大的独创性。李白曾写道:

月下独酌

花间一壶酒,独酌无相亲。
举杯邀明月,对影成三人。
月既不解饮,影徒随我身。
暂伴月将影,行乐须及春。

> 我歌月徘徊，我舞影零乱。
> 醒时同交欢，醉后各分散。
> 永结无情游，相期邈云汉。⁴⁰

唐代知识分子的孤独感再次奠定了李白的诗歌基调。他与影子、月亮看似三人相伴，实则彼此完全隔绝。月亮未与李白对饮，影子则随诗人稍纵即逝。三人只能结"无情游"，未来的相会也被推迟到遥远的银河之外。相比之下，杨万里笔下的月亮好似一位真正的女神，就像宋代美人一样与他眉眼传情。对李白来说，自然现象是冷漠的，但对杨万里而言，周遭的景物却具有真实的人性温存。

我们已经提及多次马夏派山水画的"甘甜"，而杨万里笔下的月亮美丽温柔，与马远等画家用来诱使观者入画的那如天鹅绒般的柔软有异曲同工之妙。杨万里笔下的山，也同样能像月亮一样逗弄招惹诗人。他写道：

舟过安仁五首·其二

> 初受遥山献画图，忽然卷去淡如无。
> 莫欺老眼犹明在，和雾和烟数得渠。⁴¹

如同月亮一样难以靠近，群山也试图将自己隐藏在云雾之中。这首诗中所有的忸怩同样也出现在另一首诗中：

晓过花桥入宣州界四首·其一

路入宣城山便奇,苍虬活走绿鸾飞。
诗人眼毒已先见,却旋褰云作翠帏。㊵

杨万里笔下的山好似一位娇媚的女子,有意让意中人窥见她的美貌,而后又匆忙地将面纱垂下,掩住佳容。与南宋山水相比,除却"甘甜"这一相似点外,杨万里的山景还沿袭了马夏画派通过云雾缭绕营造出娇羞的效果,山峦在云雾中时隐时现。当然,云雾在早期的中国画中经常出现,南宋画家却将其用到了极致,他们通常将画笔更多地着于云雾,而非其他细节。㊳过多云山雾绕的一个结果是,我们发现南宋的山水景观几乎和北宋艺术家的高耸峭壁一样难以接近。因此,我们在画中看到了一个看似无法解决的悖论:马夏画派娇羞作态的山峦似乎在邀请人们去探索,但当人们试图接近它们时,它们却又避而远之。

在下面这首诗中,我们可以清楚地看到,看似亲切的山峰,对文人墨客来说终究是可望而不可即的:

过谢家湾

行尽牛蹊兔径中,忽逢平野四连空。
意随白鹭一双去,眼过青山千万重。
近岭已看看远岭,连峰不爱爱孤峰。
一丘一壑知何意?疏尽官人着牧童。㊹

在这首诗中，诗人徜徉在马夏画派的风景中，而不是努力攀登郭熙笔下的险峻山峰。他的目光追随着翱翔的白鹭，将人世抛在身后，沉思着山脉的千变万化。尽管这些山峰似乎在向他招手，但他明白，这些终究是对他来说遥不可及的。因为在中国古代的诗歌中，农夫、樵夫和渔夫等乡村人物一直被认为是身处尘世之外的。杨万里这首诗的意义在于，山景只有田园中人才能企及，他们已经摆脱了世俗的官场生活，拒绝了儒家士大夫的理性态度。

自然看似对人类友好，实则冷漠，它还会无缘无故地制造麻烦，且似乎以此为乐。他写道：

春寒

风日晴暄一并来，桃花告报李花开。
待君减尽衣裘了，夜半春寒特地回。㊺

虽然杨万里已经收起了冬衣，但春寒料峭还是让他要重新穿上。在上一首诗中，诗人还能够保护自己免受风寒侵袭，但在下一首诗中，他却无法摆脱他的问题：

宛陵道中

溪缭双衣带，桥森百足虫。㊻
伞声松径雨，巢影柳塘风。
犬误随行客，牛偏识牧童。㊼
追程非要缓，路滑试勿匆。㊽

由于下雨,道路泥泞不堪,出行极为困难,但乡间的动物们坚持要跟着诗人走,这加剧了诗人的麻烦。如果不是杨万里面对恶劣天气时表现出的幽默感,动物们的如影随形这一场景甚至可能带有超现实主义的色彩。

尽管大自然的喜怒无常针对的是所有人,但最敏感的人类——诗人——受到的伤害最大。他写道:

发银树林

> 莫过溪桥银树林,溪深未抵路泥深。
> 清风一阵掠人面,晴色半开关客心。
> 远岭惹云秋里雪,淡天刷墨晓来阴。
> 几多好句争投我,柳夺花偷底处寻。㊾

在被雨水淋湿的道路上,泥泞非常,杨万里又一次遇到阻碍,山峦又一次"惹"云成雪。好诗要从诗人的禅意中迸发出来,却由于杨柳和鲜花的合谋,在他还没来得及写下来的时候就把诗意偷走了。在前三首诗中,我们可以看到,虽然大自然表面上看起来平易近人,实际上却在展开一场巨大的密谋来对抗人类。我们不能将这种杨诗中最常见的主题之一——"大自然的密谋"与晚唐时期认为大自然基本上对人类怀有恶意的观点混为一谈。虽然大自然以激惹人类为乐,其活动方式却相当和善。马远在《山径春行图》上所写的一副对联,很好地概括了这种温和与冷漠的结合。"拂袖野花自舞,避人幽鸟不鸣。"㊿走在山水间的士大夫被花朵迷住了,花朵似乎在友好地拥抱他,鸟儿却径自飞走了,他的视线迷失在浓雾笼罩的空山中。

除试图激惹像杨万里这样的诗人之外,大自然为什么要有针对人类的"密谋"呢?具体来说,大自然到底想对人类隐瞒什么?道家学说在描述"道"或大自然的基本原理时暗示了答案:玄之又玄,众妙之门。[51]类似地,《法华经》用类似的语言也描述了佛陀真谛的奥秘。"诸佛智慧甚深无量,其智慧门难解难入,一切声闻、辟支佛所不能知。"[52]中国自然派诗人的祖先陶渊明在描写壮丽景观时深有感触道:"此中有真意,欲辨已忘言。"[53]

杨万里在下面这首诗中发展了陶渊明的主题,即那种隐藏在自然外表背后的难以言喻的神秘:

雨后晓起看山

晨起出蓬户,换却隔水峰。
细看只旧山,色与昨不同。
虽经夜来雨,未必有许功。
云师挐众巘,置在蓝水中。
沙土俱绿净,草树添青葱。
不然近秋衰,那得还春容。
此意殊不浅,要将调诗翁。
判断索一语,可惜语不工。
正使语工著,不如山色浓。[54]

杨万里所目睹的变化无法用人类语言来描述,因其犹如禅宗悟到

的真谛一样,是人类的二元式理性思维所无法理解的。对杨万里来说,大自然的造化,似乎在不断阐释佛教教义背后的奥秘:

兰溪双塔

高塔无尖低塔尖,一披锦衲一银衫。
问渠何故终不语,却倩滩声替佛谈。㉟

换句话说,自然造化比人类建造的寺庙更能表达出佛教的真谛。另一首山水诗则提供了更多线索,能说明杨万里的许多自然类诗作都展示出其佛教兴趣:

夜宿东渚放歌三首·其一

天公要饱诗人眼,生愁秋山太枯淡。
旋裁蜀锦展吴霞,㊱低低抹在秋山半。
须臾红锦作翠纱,机头织出暮归鸦。
暮鸦翠纱忽不见,只见澄江净如练。㊲

诗人将景色的诸种变化比作中国民间神灵巧施而成的各种丝织作品,赋予景色变化以更多的"人性"意义,从而便于人们理解。神灵在夕阳下织出一幅精美的织锦,但突然间,这幅天工之作消失不见。顿悟之间,杨万里看到了"澄江净如练"的画面。诗人的顿悟不仅是精神层面的,也是诗歌层面的,因为这首诗的最后一句直接引用了谢朓(464—499)的"余霞散成绮,澄江静如练",这是中国诗歌中最著名的诗句之一,被唐宋诗人视为诗歌成就的顶峰。杨万里沉浸于山水之间的神奇变化,消除了造化的虚幻,在澄江如练的景象中恍然大悟。

有人可能提出异议,如果杨万里没有留下任何作品能够毫无疑问地表明山水的佛教象征意义,这样解读他的诗未免太过勉强:

初晓明朗,忽然雾起,已而日出,光景奇怪

明发望远山,一一粲可数。
幽人萌望心,便被山灵妒。
逡巡出神通,㊳变化足惊怖。
初将兜罗绵,㊴挲作霏微絮。
周遭裹世界,仰视失天宇。
高悬赤瑛盘,㊵不计丈尺许。
下照空濛间,红光贯轻素。
中有人物影,纷纭竞来去。
亦各有所持,莫辨是何具。
犹嫌未奇怪,别出奇怪处。
珠立一路幢,瑶森四山树。
横空金桥梁,拔地玉窣堵。㊶
骇目方谛观,卷地急收去。
恍疑刮眼膜,依旧认山路。
那知幻与真,不记梦兼寤。
神游峨眉山,㊷诳俗笑佛祖。
笑诳却被诳,佛祖还笑汝。㊸

杨万里笔下的山水与我们之前读过的诗非常相似,但他在诗中明确引用了佛教用语和思想,这有助于我们理解山水风景与中国禅宗信仰之间的关系。通常情况下,山峰开始完全清晰可见,当诗人一一点数着它们时,他与群山之间建立起了个人熟识,就好像他们是好朋友一样。从这个意义上说,景色的神秘性对人类智能而言似乎完全可以企及,而山色也契合着马夏画派模式中那类对人友善的风景。然而,正如马夏式的风景一样,大自然对观察者有所密谋,很快就使得群山笼罩在薄雾中。山灵的这种反常的幽默向诗人隐藏了转变的过程,因为山灵展示了他的神奇力量,就像佛教典籍中的魔罗(Mara)、帝释天(Sakra)或其他印度神灵一样。杨万里提到人们在雾中来回奔走并追逐幻影,这表明他认为云雾寓意着虚幻的世界。在幻象世界中,人们通过执取(梵文 upadana)感官物体来欺骗自己。

尽管幻觉般的迷雾已经使山路变得不可识别,但当阳光开始渗入迷雾时,甚至会出现奇怪的现象。因为突然出现了一座神奇的佛塔,它的顶部是一座金桥,周围布满珍珠横幅和碧玉树。在这里,杨万里指的是《妙法莲华经》中最著名的一节《见宝塔品》,它描述了一个神奇的舍利塔在佛祖布道时的样子:

> 尔时,佛前有七宝塔,高五百由旬,纵广二百五十由旬,从地涌出,住在空中,种种宝物而庄校之。五千栏楯,龛室千万,无数幢幡,以为严饰,垂宝璎珞,宝铃万亿而悬其上。四面皆出多摩罗跋栴檀之香,充遍世界。[64]

当佛陀的弟子看到这种现象时，他们非常高兴，并问这预示着什么。佛陀解释说佛塔包含了自性（梵文 atmabhāva），每当真正的佛法教导时，这个幻影就会出现："于十方国土有说《法华经》处，我之塔庙为听是经故，踊现其前为作证明，赞言善哉。"⑤佛陀确认，在他自己开悟之前，灵塔的幻影出现在他面前，并为他最后的觉醒鼓掌。因此，在《妙法莲华经》和杨万里的诗中，舍利塔都是完全觉悟的象征。

从大乘佛教教义来看，在《妙法莲华经》和杨万里的诗中，这种觉悟是以一种幻影来体现的，这是很恰当的。因为对佛门教徒来说，幻觉和现实之间完全没有二元区别。这就是为什么杨万里说他不知道幻觉和现实的区别，也不知道他是在做梦还是醒着。因为从根本上说，他刚刚看到的幻觉只不过是一个幻觉，就像他在迷雾消散后醒来看到的"常识世界"。佛的笑是针对那些继续自欺欺人的人，因为他们不了解黄檗禅师所说的基本真谛："诸佛与一切众生，唯是一心，更无别法……惟此一心即是佛，佛与众生更无别异。"⑯

对杨万里诗歌中佛教象征意义的理解，有助于解释他对自然风景的总体看法。进一步的研究可能会表明，杨万里提出的许多概念可以扩展到对南宋山水画和诗歌的一般解释中去。在杨万里的诗歌中，我们所讨论的最基本的观念之一就是无数变化的山景背后均存在着奥秘。通过前面的诗我们可以得出结论，对杨万里而言，山水之谜是佛教开悟之谜不可言喻的象征。正如大山起初看起来很友好一样，对门外汉来说开悟似乎很容易。但通过进一步反思后，这似乎出现了不可克服的困难，就像山峦完全无法被普通知识分子企及一样。

然而,山光风景的友好并非完全是虚幻的,因为尽管开悟似乎很难获得,但对开悟者来说实际上是一件简单的事情:"参禅唤作金屎法。未会一似金,会了一似屎。"⑰山的若即若离象征着宋代禅中的悖论,开悟既难以企及又容易获得。一方面,山会躬下身来迎接诗人;而另一方面,山也会把自己藏在云雾后面,以阻却人类为乐。"大自然的密谋"类似于开悟的"密谋",在任何时刻都是可得的也是不可得的。《般若波罗蜜多心经》中说:"一切有为法,如梦幻泡影,如露亦如电,应作如是观。"⑱

对杨万里诗的这种解读可以直接运用到马夏派的绘画中,也很可能适用于许多其他的中国山水风景画。人类在神秘的狂喜状态下凝视的山峰象征着开悟的真谛,即那个幻想世界背后唯一的实质真相。尽管须弥山在印度宗教中占有非常重要的地位,但至少在周朝后期,对山的崇爱在中国已经独立发展起来。早期历史文献和艺术遗迹中对圣山祭祀的提及,比如博山炉或山形香炉,里面栖息着奇异的动物,这表明在汉代,山已经是成为超凡世界真相的象征。⑲到了汉代末期,与入山相关的礼仪变得重要起来。正如《抱朴子》所反映的那样,汉族对山的崇爱已经同道教的炼金术士对长生不老的追求联系在一起。⑳当佛教在中国思想里扎根时,山已经成为终极真谛的象征。因此,无怪乎谢灵运等横跨佛、道两教的风景诗人在描述他们于荒峻山峰中获得开悟体验时会写道:"观此遗物虑,一悟得所遣。"㉑当马夏画家创绘他们的风景时,山已经成为开悟时所识真谛的一种象征。

然而,马夏派画作中由真实物质构成的山却沐浴在云雾之中,以至于我们几乎看不见,就像我们的感知笼罩在幻觉的世界里一样。在孔子的《论语》中,云已经成了虚幻和无关紧要之物的象征:即"不义而富且贵,于我如浮云"。[22]在中国诗歌艺术中,关于云的象征意义人们可以谈论很多,但是当佛教诗歌的创作在中国兴起时,云经常被视为虚幻世界的象征。在唐代,佛教化的山水诗人王维写道:

不知香积寺,数里入云峰。
古木无人径,深山何处钟。[23]

王维不知道寺庙在哪里,更麻烦的是他迷失在无迹可寻、云雾缭绕的群山之中,而突然之间代表佛理的钟声将他唤醒,让他知道了自己所处的地方。然而,没有必要对虚幻的云彩感到沮丧,因为最终它们就像身后的山脉一样真实。当一个人观看马夏派大师的画作时,他很快就会意识到代表雾气的未充满区域与墨水覆盖的区域是一样饱满的。[24]对杨万里和所有禅宗佛教徒来说,现实就是幻觉,幻觉也就是现实。

三、动物

后来的评论家大多认为山水画是宋代绘画的顶峰,但现代鉴赏家不可避免地对这一时期动物画中不可思议的生命力产生了强烈的好奇。我们已经讨论了山水画与诗歌之间的密切关系,因此我们发现有必要在探讨杨万里的动物诗之前,要先简单介绍一下中国的动物画。虽然迄今为止还没有发现商代及周初的绘画作品，但我们可以借助举世闻名的商周青铜器上的图案形成对绘画艺术的大致概念。即使在周代的这个遥远时期，艺术家对动物形态的表现也比对人类形态更感兴趣。中国最近的一些考古发现证明，中国动物艺术的辉煌一直没有减弱。但从大约公元前五世纪开始，㊀人类形态无论是对世俗艺术还是宗教艺术而言，逐渐在中国绘画和雕塑中占据主导地位，直到大约十世纪仍然是人们关注的中心。十世纪和十一世纪的伟大艺术变革导致了山水画迎来全面统治时代，这也影响了动物画，因为尽管宋代画家极其擅长写实的人物肖像，但动物画的数量却远远多于人物画。尽管黄川（903—968）等五代十国时期的艺术家已将动物画艺术推向了很高的水平，但杨万里生活的南宋时期却是写实动物画的黄金时代。这些画家的技术和洞察力在中国或世界任何其他地方都是无与伦比的。

没有西方艺术评论家充分研究过中国人对动物比对人本身更感兴趣的原因。在商代和周代初期，这种兴趣可能是由青铜时代中国文化的各种宗教图腾崇拜所决定的。而在周代后期和汉代，人类作为艺术中心的兴起很可能与儒家人文性的日益增长有关，这种思想被许多汉朝和六朝时期绘画中的教诲意图强化。㊁

在周代后期的哲学思想中，似乎只有道家对动物颇为敏感，而庄子（前369—约前286）甚至对微小的动物都有明显的兴趣。正如他在与惠施的著名辩论（前370—约前310）中说："鯈鱼出游从容，是鱼之乐也。"㊂虽然庄子用他的故事作为与惠施争辩认识论的问题的载体，但这段文字仍然展示了道家后来一直维持到很久的那种对动物世界的兴趣。尽管道家尊敬自然以及尊重各种生物的态度对中国人的动物观影响最大,但佛教的轮回观念很可能发挥了非常重要的作用。当这个教义在汉代首次传入中国时,人们觉得很难接受。但几个世纪后,它完全与中国宗教信仰相融合,并且仍然在民间的崇拜中发挥着极其重要的作用。[28]如果一只鸟是一个人的前世,甚至可能是一个人的祖先,那么人们就更容易将它视为与宠物、食物或动物标本不同的东西,就像欧洲艺术和文学中通常的情况一样。

然而,在中国最早的诗歌巨著《诗经》中,动物很大程度上充当人类生活背景的角色。《诗经》中第一首诗的第一节就清楚地表明了这种倾向:

> 关关雎鸠,在河之洲。
> 窈窕淑女,君子好逑。[29]

《诗经》中的许多动物都是寓意式的,尽管现代读者经常不知道所寓意的确切含义。事实上,从最早的时候起,在中国诗歌中用动物寄寓深意的做法就很流行,杜甫在写下其著名的《瘦马行》一诗时就是身处这样一个悠久的传统之中:

> 东郊瘦马使我伤,骨骼硉兀如堵墙。
> 绊之欲动转欹侧,此岂有意仍腾骧。

杜甫在进一步描述了这匹马可怜的状况后写道:

细看六印带官字,众道三军遗路旁。
皮干剥落杂泥滓,毛暗萧条连雪霜。
去岁奔波逐馀寇,骅骝不惯不得将。
士卒多骑内厩马,惆怅恐是病乘黄。
当时历块误一蹶,委弃非汝能周防。
见人惨澹若哀诉,失主错莫无晶光。
天寒远放雁为伴,日暮不收乌啄疮。
谁家且养愿终惠,更试明年春草长。㉚

尽管杜甫对这匹不幸的马非常同情,但毫无疑问,他的诗有着政治方面的寓意。其中,马代表了诗人本人,他被朝廷拒绝,尽管年事已高,但希望能再得到一次证明自己的机会。值得注意的是,以韩干(卒于783年?)为代表的唐代最伟大的马画画家是杜甫的同时代人,他们的大部分画马之作都是在宫廷中完成的,可以用类似的寓意方式来解读。㉛

杨万里有时会像早期的诗人和画家那样用动物来寓意:

水螳螂歌㉜

清晨洗面开篷门,巨螳螂在水上奔。
前怒两臂秋竹竿,后拖一腹春渔船。
偶然拾得破蛛网,挐取四角沉重渊。
柳上螳螂工捕蝉,水上螳螂工捕鳝。
捕蝉顿顿得蝉食,捕鳝何曾得鱼吃。㉝

尽管杨万里的作品展示了对水螳螂不同寻常的详细观察,但螳螂在很大程度上属于寄寓道德规训的载体。杨万里告诉我们,一个人不应该试图成为不属于自己的样子,如果一个人试图超越自己的自然极限,他将遭受与饥饿的螳螂一样的命运。

在另一首诗中,杨万里稍稍偏离了对动物的寓意式处理:

明发茅田,见鹭有感

自叹平生老道途,不堪泥雨又驱车。
鹭鹚第一清高底,拂晓溪中有干无。[84]

在中国早期的绘画和诗歌中,白鹭和鹤是纯洁和长寿的象征,正如杨万里自己告诉我们的那样。然而,杨万里的诗颠覆了白鹭的古老象征,因为他否认白鹭的完全纯洁性,它也必须像他这位世俗士大夫一样自己去谋生。

杨万里的诗在很大程度上剥离了人类强赋在白鹭身上的神话,但他仍然将人类的价值观投射到动物世界上。在所有文化中,人们都试图去发现动物能以类似于人类社会的模式组织起来,而杨万里本人也喜欢这种做法:

观蚁二首·其一

偶尔相逢细问途,不知何事数迁居。
微躯所馔能多少,一猎归来满后车。[85]

尽管杨万里将蚂蚁描述为服从于一个与人类相似的社会，但他并没有像欧洲作家那样试图对"勤劳的蚂蚁"进行任何道德解读，他对蚂蚁在觅食时实际交流方式的密切观察在中国诗歌中是全新的。

杨万里对动物的看法与唐代作家完全不同，因为他对动物的态度与他对风景的处理有很多共同之处。杨万里诗歌中的动物通常和山峦一样友善：

明发祁门悟法寺，溪行险绝六首·其一

山不人烟水不桥，溪声浩浩雨潇潇。
何须双鹭相温暖，鹭过还教转寂寥。⑱

高山躬身迎接疲惫的旅人，白鹭试图安慰在身处危险航行中的诗人。

但通过表明他与白鹭之间的友谊是徒劳的，杨万里暗示动物最终也正如隐藏在薄雾和云彩后面的山脉一样难以接近：

晨炊玉田，闻莺观鹭二首·其一

晓寒顾影惜金衣，著意听时不肯啼。
飞入柳阴多去处，数声只许落花知。⑰

黄莺也许以其明艳的色彩取悦我们，但它就像遥远的山峰一样难以接近。就像隐藏在迷雾中的峭壁一样，黄莺也同样卷入了自然针对人类的那场"密谋"。

我们已经指出了杨万里对蚂蚁生活仔细观察的新颖性，但在下一首诗中，我们发现这种观察脱略去了任何早期的寓意元素：

鸦

稚子相看只笑渠，老夫亦复小卢胡。
一鸦飞立钩栏角，仔细看来还有须。⑱

在宋代之前，没有一个中国诗人会如此仔细地观察乌鸦，以至于能注意到它的胡须，因为诗人可能对乌鸦作为一种不祥之鸟这件事更为关心。杨万里对小细节的审视与他的禅宗背景非常一致，因为禅宗倡导日常生活和开悟的同一性。然而，杨万里对自然物的密切观察与佛教之外其他思想的影响密切相关，这种影响在杨万里一生中以朱熹的理学形式达到了顶峰。朱熹理学最重要的教条之一是"格物"，尽管朱熹通常将他的研究指向伦理和政治问题，但他也对自然现象，特别是地质学和宇宙学有着浓厚的兴趣。⑲由于杨万里是朱熹的好友，那么说理学对杨万里的动物诗有所影响应不为过。然而，这里没有必要提供直接表明影响的证据，因为朱熹的"格物"是十一世纪和十二世纪中国文化中某种更广泛倾向的产物。宋代对分析思维的钟情催生了中国科学和数学的黄金时代，这正如它也影响了宋代思想家张载、二程兄弟，直至朱熹本人的治学方向一样。宋代文化氛围的分析性特质促进了当时绘画中对风景和动物的详细观察，这是因为在绘画方面，我们有南宋画院的写实动物画。在文学方面，我们也有杨万里和他同时代人所作的动物诗。

没有人认真研究过禅宗对这些宋代文化事业发展的影响,但中国现代思想史家冯友兰在一篇极其敏锐的文章中写道:

> 由此,禅宗在"崇高与普通"的综合上又迈出了一步。然而,如果挑水砍柴真的是禅道的本性,那么修行的人为什么还要抛弃家庭出家呢?为什么禅道不应该平等地履行父亲和君主的职责?这里需要一个更进一步的说明,而这就成为了宋代理学家的任务⋯即去作出那个说明。[90]

与宋文化的大趋势相一致,杨万里仔细观察哪怕是最微小的生物:

冻蝇

> 隔窗偶见负暄蝇,双脚挼挱弄晓晴。
> 日影欲移先会得,忽然飞落别窗声。[91]

与早期的动物诗相比,"蝇"独立于人类世界之外,而杨万里只是一个安静的旁观者。杨万里对苍蝇搓腿的描绘和他对苍蝇寻找阳光的了解,证明了他花了很多长时间观察他自己所选的这个主题,这就像理学家研究政治史或学院派画家画鸟一样。

通过对动物的近距离观察,杨万里深刻地理解了动物的感知,而不是像早期诗人那样把人类的情感投射到鱼身上。他写鱼就遵循鱼在自然中的状态:

观鱼

老夫不奈热,跣足坐瓦鼓。
临池观游鱼,定眼再三数。
鱼儿殊畏人,欲度不敢度。
一鱼试行前,似报无他故。
众鱼初欲随,幡然竟回去。
时时传一杯,忽忽日将暮。⑨²

杨万里描述了他是如何小心翼翼地集中目光一遍又一遍地数鱼的。他的观察习惯与现代科学方法有很多共同之处。但他并不是一个冷冰冰的统计学家,因为从他对胆怯的小生物的描绘中人们很容易感受到愉悦。

杨万里不仅是一位描写动物的大师,而且像宋代动物画画家一样,他能够捕捉动物之间的互动和交流:

戏题所见

田家不遣儿牧猪,老乌替作牧猪奴。
不羞卑冗颇得志,⑨³草根更与猪为戏。
一乌驱猪作觳觫,一乌骑猪作骐骥。⑨⁴
骑之不稳驱不前,坐看顽钝手无鞭。
人与马牛虽各样,一生同住乌衣巷。⑨⁵
叱声哑哑喙欲干,猪竟不晓乌之言。
骑者不从驱者斗,争牛讼马旁无救。

> 猪亦自食仍自行,一任两乌双斗争。
> 不缘一童逐乌起,两乌顷刻斗至死。⑯

尽管宋代没有留下完全相同内容的绘画,但宋代画家同样喜欢表现动物之间的情感游戏。中国台北故宫博物院收藏的一幅著名画作,出自崔白(约1068—1077)之手,其中有两只乌鸦对一只误入自己领地的兔子叫嚷,兔子回头看了一眼,脸上带着一种莫名其妙的滑稽表情。⑰就像杨万里的大多数动物诗一样,画中的动物生活在与人类世界分离的地方,因为它们可以在自然的栖息地被观察到。

四、植物

植物在中国的艺术和文学中扮演着与动物一样重要的角色,正如我们从对动物的讨论中所期望的那样,绘画中对植物的写实描绘和诗歌中对它们的详细描述在南宋时期达到了高潮。正如在杨万里的动物诗中一样,他通常避免用那些在早期中国诗歌中常见的以植物来寓意的手法:

咏十里塘姜店水亭前竹林

> 一见此君面,⑱荒村不是村。
> 斜阳与可笔,栖雀子猷魂。⑲
> 客思方无那,诗愁得共论。
> 问渠能饮否,把酒酹霜根。⑳

这首诗把过去和现在对竹子的崇爱结合在一起，因为王徽之是一个生活在三世纪的人。而文同是一位典型的宋代文人，他以绘画和诗歌闻名，比杨万里早两代人。杨万里当然很清楚诗中关于竹子的过往传统，但他并不认为竹子只是一种正直精神的象征，就像许多宋代之前的作家所认为的那样。相反，竹子是一位热情的饮酒伴侣。

诗人和植物之间这种亲密的关系与我们在诗人和风景之间观察到的完全相同：

题青山市汪家店

小小楼临短短墙，长春半架动红香。
杨花知得人孤寂，故故飞来入竹窗。⑩

这种与自然界生物的紧密联系，使杨万里对那些从树上掉下来的花朵产生了同情：

上巳后一日，同子文、伯庄、永年步东园三首

九径阴阴一一穿，前谈后笑各欣然。
缓行不是身无力，满地残红不忍前。⑪

杨万里对植物的同情是他与宋代前期诗人的共同特点，年轻时杨万里的楷模黄庭坚就曾写道：

题竹石牧牛

野次小峥嵘,幽篁相倚绿。
阿童三尺箠,御此老觳觫。
石吾甚爱之,勿遣牛砺角。
牛砺角犹可,牛斗残我竹。⑩

黄庭坚对自己养的竹子感情很深,但不知道他是不是更关心自己的财产胜过那些植物。无论如何,他并不像杨万里那样认为竹子存在于一个与人类生活相似的世界中。

杨万里对植物的同理心使他能够理解植物世界中的"情感",并将人类的情感投射到它们身上:

暮热游荷池上五首·其一

细草摇头忽报侬,披襟拦得一西风。
荷花入暮犹愁热,低面深藏碧伞中。⑩

杨万里把草在风中的自然摆动解释为向他做出的秋日西风即将到来的宣告,以缓解他的夏季炎热。由于诗人自己正遭受着酷暑的折磨,所以他想象荷花在酷暑中也有意地躲藏在荷叶下面避暑。

由于植物具有人类的情感,杨万里可以把他最喜欢的花写得像一个真正的人:

烛下和雪折梅

> 梅兄冲雪来相见，雪片满须仍满面。⑯
> 一生梅瘦今却肥，是雪是梅浑不辨。
> 唤来灯下细看渠，不知真个有雪无。
> 只见玉颜流汗珠，汗珠满面滴到须。⑩

对梅花的详细描绘，值得宋代专门画梅花的画家们去欣赏，但这首诗最显著的特点是杨万里独创的将植物拟人化，这种手法在北宋时期也不常见。

将人类的品质赋予植物，这与他在描绘风景和动物时所发现到的大自然之密谋如出一辙：

至后与履常探梅东园三首·其三

> 两朵三枝梅正新，不疏不密最恼人。
> 花枝夹径喷人过，絓脱老夫头上巾。⑩

这些花可能会为人类带来美丽的绽放，但它们仍然像山脉和鸟儿一样喜欢捉弄人类。

西方读者可能会发现很难理解这位中国诗人是如何用这样的人类语言来构思植物的，但即使在今天，中国人也将不同的个性赋予植物，甚至可以用植物来描述人类的个性。因此，牡丹是华丽动情的，而梅花是精致贞洁的，这两种花可以相应地用来描述两类不同的女性。道家中那种与自然和谐共处的思想一定是产生这种植物观念的主要因素，但正如佛教的轮回说在中国人对动物产生的同理心中发挥了重要作用一样，它也一定在植物领域发挥了作用。尽管印度佛教徒没有说过植物能转世，但是无论是生命体还是非生命体，万物背后皆有佛性的观念已经得到了很好的发展，以至于普通民众相信存在着许多花仙，后来还有一部十九世纪的小说《镜花缘》。[18]这种对植物灵魂的信念可以部分解释宋代花卉画中的不同个性以及杨万里诗歌对植物的拟人化手法。

注　释

① 鄱阳湖，中国五大湖之一，位于江西省北部。
② 鄱阳湖的别名。
③ 庐山是佛教寺庙的中心地，在庐山可以看到陶潜故里。
④ 参见第 61 页的讨论。杨万里想要为了自身利益而远离社会（14-127b；15-1a；110）。
⑤ 高居翰（James Cahill），《中国绘画》(Chinese Painting)（瑞士：Skira 出版社，1960），第 25 页。
⑥ 彩印，弗朗索瓦·福卡德（Francois Fourcade）的《北京博物馆艺术珍品》(Art Treasures of the Peking Museum)（纽约：阿布拉姆斯出版社，1965），第 29 页，第 1 幅。
⑦ 《四部丛刊·老子道德经》，1-5a。
⑧ 韩愈的许多诗歌都展现了自然的邪恶，《孟东野失子》是一个很好的例子。参见韩愈，《四部丛刊·朱文公校昌黎先生集》，4-43b。
⑨ 最著名的一个例子是卢仝的《月蚀诗》。参见《四部丛刊·玉川子诗集》，1-2a-3b。该诗已由葛瑞汉（A. C. Graham）在《晚唐诗歌》(Poems of the Late T'ang, 英国哈默兹沃斯：企鹅出版社，1966) 中译为了英文。
⑩ 李贺，《四部丛刊·李贺歌诗编》，4-25b；由葛瑞汉翻译，同上，第 117 页。
⑪ 10-97a；11-7a；90。

⑫ 在中文原诗中并没有使用"船夫"一词,而是根据周汝昌的解释,用了船夫的别称"黄帽郎"。但由于诗人在后句说的是"青篛",所以笔者没有将其直译。

⑬ 指传说中在太阳上栖息的乌鸦。

⑭ 27-260a;29-8b;176。

⑮ 11-104a;12-4b;94。

⑯ 关于范宽的内容,参见高居翰《中国绘画》一书,第32—34页。也可参考喜仁龙(Osvald Siren)《中国绘画:大师与技巧》(*Chinese Painting, Leading Masters and Principles*,伦敦:伦德·汉弗莱斯出版社,1956—1958),第1卷,第201—207页。

⑰ 关于郭熙的内容,参见高居翰,第35—38页;也可参考喜仁龙,第1卷,第196—201页。

⑱ 现存的最壮观的一幅此类北宋风景画是范宽的《溪山行旅图》,高居翰复印品同上,第33页。

⑲ 参见《早春》,复印品同上,第36页。

⑳ 《四部丛刊·集注分类东坡先生诗》,12-230b。

㉑ 关于马远的内容,参见高居翰,第80—82页,以及喜仁龙,第2卷,第113—119页。

㉒ 参见高居翰,第82—84页,以及喜仁龙,第2卷,第119—124页。

㉓ 参见高居翰,第38页。

㉔ 同上,第84页。高居翰没有明确说明马夏派和禅画师之间的关系,但是他对夏圭画作的评语"在一刹那间展现一切的印象"听起来极具禅家意味。

㉕ 马远的此类代表作品已由高居翰复印,第82、83页。也可参见中国台北故宫博物院,P列,第3张,马远《对月图》。

㉖ 35-336a;36-12b。

㉗ 33-313a;35-2a;201。

㉘ 《四部丛刊·分类补注李太白诗》,23-318a。

㉙ 古时人们认为太阳黑点是栖息在太阳上的乌鸦。

㉚ "素娥"是嫦娥的别称,住在月亮上的仙女。

㉛“玉弹”，启明星，金星。

㉜ 传说中月亮上有一棵桂树和一只在捣药的仙兔。

㉝“红锦”指拂晓的光辉。

㉞ 诗人将早晨红色圆日比作车轮上红色的轮毂盖。

㉟ 25-241b；28-3b；158。

㊱“东省”指秘书省，即宫廷藏书机构，杨曾任职其中。

㊲ 典故来自魏晋诗人阮籍（210—263），阮籍用青眼看自己喜欢的人，用白眼看自己讨厌的人。在该行及后面诗句中，杨描写了月亮的变化，当清晨来临时月光逐渐微弱，被云朵遮挡。

㊳ 启明星，金星。

㊴ 人们认为太阳上住着乌鸦。杨将太阳光比作红龙鳞（23-218b；25-6a；146）。

㊵《四部丛刊·分类补注李太白诗》，23-313a。

㊶ 35-330b；36-6b；212。

㊷ 32-307a；34-8a；196。

㊸ 除上文所引画作外，此类画作的另一个绝佳的例子是夏圭的风景画，《SJHT》复印，第50幅。画中人物在自然中悠然自得，而半边的景观都已被云遮蔽。

㊹ 32-304b；34-5a；193。

㊺ 40-384a；41-4a。

㊻ 杨指的是由木板连成的桥，这些木板两端突出，连起来好像蜈蚣腿一样。

㊼ 意思是：牛错将我认作它的牧童。

㊽ 34-319b；35-8b；205。

㊾ 32-304a；34-5a；193。

㊿ 高居翰复制品，第82页。

(51)《四部丛刊·老子道德经》，1-4a。

(52)《大藏经·妙法莲华经》，No. 262，第9卷，第5-b页。

(53)《四部丛刊·笺注陶渊明集》，3-30a。

(54) 42-401a；42-7a。

(55) 26-249a；28-11a。

(56) 四川蜀地和江苏吴地都以丝织闻名。杨万里将夜色比作这样的丝织品。

(57) 直引自南齐诗人谢朓最著名的诗句。参见丁福保，《全汉三国晋南北朝诗》（台北：世界书局，1961），第 811 页（26-250b；28-12b；164）。

(58)“神通”译为梵文是 rddhi-pāda，或“精神力”。

(59)“兜罗棉”的梵文是 tūla。

(60) 太阳被雾气环绕，因此看起来像一个红色圆盘高悬天际。

(61)“窣堵”是半圆形的砖制或木制建筑，用来存放佛祖及圣僧的遗骨。

(62) 四川峨眉山有诸多著名佛教寺庙，因此成为众多人朝圣的目的地。

(63) 34-320b；35-9b。

(64)《大正藏·妙法莲华经》，第 32-b 页。

(65) 同上，第 32-c 页。

(66)《大正藏·景德传灯录》，第 270-b 页。

(67)《卍续藏经·古尊宿语录》，第 2 编，第 1 集，第 31 套，第 3 册，第 32 卷，第 228 页。

(68)《大正藏·小品摩诃般若波罗蜜经》，No. 227，第 8 册，第 540c 页。

(69) 中国最近发现的一个极为典型的彩色复印品出现在《文化大革命期间出土文物》（北京：文物出版社，1972）中。

(70) 参见《四部丛刊·抱朴子·入山符》，17-99b-106b。该章节已由魏鲁男（J. R. Ware）在《公元 320 年中国的炼丹术、医学和宗教》（*Alchemy, Medicine and Religion, in the China of A. D.* 320，剑桥：麻省理工学院出版社，1966）中译为了英文。

(71) 谢灵运，《谢康乐诗注·从斤竹涧越岭溪行》（台北：艺文印书馆）。

(72)《四部丛刊·论语》，4-29a。

(73) 王维，《四部丛刊·王右丞集》，4-37b。

(74) 参见前文引用画作。马远因其在硬朗的风景与空灵的留白间实现巧妙的平衡而闻名，因此人称“马一角”。

(75) 参见《文化大革命期间出土文物 2》中的东汉时器的铜马复印品，1972。

(76) 例如，可参见《文化大革命期间出土文物 3》关于北魏孝道模范的漆画复印品，第 11 幅。顾恺之《女史箴图》，创作于四世纪左右，也具有说教意味，现陈列于大英博物馆。

⑦ 《四部丛刊·南华真经》，6-128a；由伯顿·沃森在《庄子全集》（The Complete Works of Chuang Tzu，哥伦比亚大学出版社，1968）中译为英文，第 188—189 页。

⑧ 参见陈观胜（Kenneth Ch'en）《中国佛教史概论》（Buddhism in China，普林斯顿：普林斯顿大学出版社，1964），第 39 页。

⑨ 《诗经·国风·关雎》。

⑩ 《四部丛刊·杜工部诗》，23-402b。

⑪ 有趣的是，杜甫有关绘画的最著名诗歌《丹青引》就是关于八世纪画马大师曹霸（即韩幹的老师）。参见《四部丛刊》，16-287a。

⑫ 诗中出现的动物比较模糊，无法确定诗中的"水螳螂"是一种独立的物种，还是仅指落入水中的螳螂。

⑬ 35-334b；36-11a；213。

⑭ 34-324b；36-1b；207。

⑮ 10-94a；11-4a；85。

⑯ 34-325a；36-2a；208。

⑰ 13-126b；14-8a；109。

⑱ 11-103b；12-3b；93。

⑲ 参见李约瑟（Joseph Needham）在《中国的科学与文明》（Science and Civilization in China，剑桥：剑桥大学出版社，1961）中关于朱熹科学思想的讨论，第 2 卷，第 493—496 页。朱熹极具科学性的宇宙观在该书第 373—374 页中有所描述。

⑳ 引自冯友兰《中国哲学史》（A History of Chinese Philosophy，普林斯顿：普林斯顿大学出版社，1953），第 2 卷，第 406 页。这一部分内容在中文原版中没有，应该是冯友兰专为英译本作的修订。

㉑ 对"声"的翻译有一定的自由度，周汝昌将其作为动词。11-103a；12-3a；93。

㉒ 36-345a；37-8a；218。

(93) 此处笔者遵循了《四部备要》中的版本。

(94) “骐骥”，西王母坐骑。西王母是神话中居住在中国西部仙界的女性。

(95) 乌衣巷现位于江苏省，晋代王、谢两大家族曾居于此。杨万里时期，这两家的辉煌早已消失殆尽。

(96) 12-112a；13-3b。

(97) 高居翰复制，第72页。

(98) “此君”典故来自《晋书·王徽之传》：“尝暂寄人空宅住，便令种竹。或问：‘暂住何烦尔?’王啸咏良久，直指竹曰：‘何可一日无此君?’”参见《晋书》，开明书局，12，91-d。

(99) 文同，北宋时期以画竹闻名。

(100) 26-243a；28-4b；159。

(101) 34-318b；35-7b。

(102) 37-355b；38-8b。

(103)《四部丛刊·豫章黄先生文集》，3-30b。

(104) 9-89b；10-7b；83。

(105) 梅“须”指花蕊。

(106) 12-114b；13-6b；102。

(107) 39-375b；40-8b。

(108) 李汝珍《镜花缘》的大部分英文可参见林太乙译本（伯克利：加州大学出版社，1965）。

第七章　摆脱哀怨

日本近代杰出的中国文学学者吉川幸次郎指出，宋诗最鲜明的特征之一在于诗人"摆脱哀怨"。①除了少数例外，宋代以前的中国诗歌都被一种强烈的忧郁情绪主导，只有在韩愈或白居易等少数杰出作家那里才有所缓解。宋初诗人如欧阳修和梅尧臣，他们打破了旧的诗歌传统，是最早拒绝这种悲观情绪的中国作家之一。总的来说，北宋作家的诗歌作品以一种中国古代文学中无与伦比的乐观主义而闻名。这种乐观主义在北宋最伟大的诗人苏轼的作品中达到了顶峰。

然而，在北宋后期的江西派诗人中，特别是在黄庭坚那里，其一定程度上恢复了唐诗的严肃性。杨万里早期的作品因为模仿江西派大师而受到他们的影响：

夜雨

幽人睡正熟，不知江雨来。
惊风飒然起，声若山岳摧。
起坐不复寐，万感集老怀。
忆年十四五，读书松下斋。

> 寒夜耿难晓，孤吟悄无俦。
> 虫语一灯寂，鬼啼万山哀。
> 雨声正如此，壮心滴不灰。
> 即今逾知命，②已先十年衰。
> 不知后此者，壮心肯更回。
> 旧学日蔬芜，书册久尘埃。
> 圣处与天似，而我老相催。
> 坐念慨未已，东窗晨光开。③

杨万里诗中的许多内容让人想起唐代和更早期的诗歌，例如提到风鸣虫叫以及趋近衰落和死亡等主题的内容。当他写到鬼啼时，我们甚至会觉得自己仿佛正在读李贺的一首作品，尽管杨万里诗中的鬼不是真实的，而只是对风起忧郁之声的描述。

  杨万里可能会嗟叹自己学业上的落后以及他与圣人之间的距离，但当他说"壮心滴不灰"时，他的语气比大多数唐代作家更加积极。典型唐诗中的暮年类诗作会以远林中的猿猴悲鸣或者诗人泪沾衣襟来结束。但杨万里选择以曙光将至这一更为乐观的基调作为结尾。这首诗的结尾很可能是受到了苏轼著名散文《前赤壁赋》结尾的影响，在谈到了对时间难留和人生无常的悲伤之后，苏轼设法超越了困扰中国几代学者的这些悲伤，以如下方式结尾：

> 肴核既尽，杯盘狼籍。相与枕藉乎舟中，不知东方之既白。④

同杨万里一样,日出象征着生命的新希望。甚至在杨万里的诗歌开悟之前,他就已经开始摆脱前作中仍存的哀怨色彩:

望雨

云兴惠山顶,雨放太湖脚。
初愁望中远,忽在头上落。
白羽障乌巾,衣袖已沾渥。
归来看檐溜,如泻万仞岳。
霆裂大瑶瓮,电萦湿银索。
须臾水平阶,花坞失半角。
定知秧畴满,想见田父乐。
向来春夏交,旱气亦太虐。
山川已遍走,云物竟索寞。
双鬓愁得白,两膝拜将剥。
早知有今雨,老怀枉作恶。⑤

我们不断地发现杨万里自责于过多担心那些自己无法解决的问题,例如这首诗中他所面临的干旱。必须强调的是,杨万里的态度与许多早期中国作家的宿命论不同,因为杨万里具有真正乐观豁达的人生观,这使他能够以幽默的态度面对任何悲伤。因此,杨万里在后来的诗中很少表现出自怜,而是保留了对那些不如自己幸运的人的同情。他并不担心自己刚刚被暴风雨淋湿,也不担心水患淹没了他的土地,他为农民能免于遭受毁灭性干旱而欣喜若狂。

宋代之前中国诗人最为恼人的特征之一就是倾向于抱怨微不足道的困难。苏轼本人非常不喜欢中国文人的这个弱点,他对孟郊等诗人做出了最强烈的批评,因为他们在生活中没有发现任何可称道的事情,⑥而这种弱点不局限于宋以前的文人。一次,苏轼和几个朋友在外面散步时,天突然下雨了。当他的朋友们仓皇地寻找藏身之所时,苏轼愉快地继续前行,并用下面的这首词戏笑了他们:

定风波

莫听穿林打叶声,何妨吟啸且徐行。竹杖芒鞋轻胜马,谁怕?一蓑烟雨任平生。⑦

和苏轼一样,杨万里拒绝为生活中的小问题担忧:

晓出郡城往值夏谒胡端明,泛舟夜归⑧

郡城至值夏,两日非宽程。
奔走岂吾愿,诏书促南征。⑨
出郭星未已,归棹月已生。
问人水深浅,舟子喧未应。
水石代之对,淙然落滩声。
危峰起夕苍,暗潭生夜清。
江转风飒至,病肩难隐棱。

添衣初懒寻,忍寒良不能。
近城一二里,远岸三四灯。
望关恐早闭,驱舟只迟行。
多情半环月,久矣将西倾。
欲落且小留,知我要入城。
月细光未多,大星助之明。
至舍心未稳,丽谯才一更。⑩

杨万里公务繁忙,路途不顺利,饥寒交迫。尽管如此,这个世界基本上对他还是很友善的,因为月亮在他回家的旅途中帮助了他,使他能够比预期回来得更早。像往常一样,他的担心是多余的。

尽管他遭受了许多政治挫折,但杨万里认为大多数事情最终都会好起来,早期诗人的那种悲观主义是毫无根据的:

入浮梁界

湿日云间淡,晴峰雨后鲜。
水吞堤柳膝,麦到野童肩。
沤漩嬉浮叶,炊烟倒入船。⑪
顺流风更顺,只道不双全。⑫

虽然杨万里是在拿他同时代的悲观主义者开玩笑,但他显然也想到了更早时期的悲观主义者。他在诗的最后一行引用的流行语是杨万里时代的古语,反映了唐代及更早时期的悲观情绪。

只有对宋代社会的详细研究才能告诉我们这位宋代学者乐观的原因,但在这里冒险进行一些猜测是适当的。首先,宋代可能是中国有史以来政治上最开明的时期。尽管在北宋时期,外族方面的政治形势也不容乐观,但对宋人来说,国内政治气候不像早期那样充满暴力和恐怖。皇帝很少像早期时代那样对失宠的官员进行残酷的处决。即使在王安石时代保守派和改革派的激烈纷争中,失败的政党也没有被立即斩首,而只是被免职,最坏的情况是被流放到华南。敌对阵营的人,如王安石和苏东坡等,可以终生保持良好的关系。

宋代知识分子乐观精神的另一个政治上的原因是科举制所带来的社会流动上的增强。虽然科举制在唐代时已经有效建立,但大多数通过考试的人都来自贵族家庭,在那里他们接受了通向成功的必要教育。但到了十一世纪,随着印刷术的广泛使用,识字变得更加普遍,接受教育的人数也比以前多得多。像杨万里这样出身卑微的人,在宋代的政治体制中有更好的机会获得成功。

社会流动性的增大与经济状况的改善密切相关,而宋代中国的经济增长可能是产生乐观人生态度的主要推动力。在十一世纪和十二世纪,中国经历了巨大的经济增长,这大大提高了生活水平,催生了前所未有的更大的中等阶级群体。国内外贸易出现了前所未有的扩张,这导致了城市人口的大量增长,他们脱离了农村的保守环境,减少了看天吃饭的依赖。[13]这种繁荣的增长伴随着寿命的延长,当然得益于茶饮、瓷器贸易和医学知识的提高。宋代许多大诗人都活到了老年,杨万里去世的时候已经八十岁高龄。毫无疑问,宋代的知识分子比早期的知识分子更乐观。他们乐观主义精神体现在包括诗歌在内的宋代文化的方方面面之中。

由于杨万里秉持乐观态度,所以他对待中国诗歌中许多古老主题的方式与唐代作家截然不同。唐代诗人痛苦的最大来源之一是旅途的艰辛,这经常被视为对"人生旅途"中所遇困难的寓示。杜甫在一次漫长的旅途中写下了这首诗:

天边行

天边老人归未得,日暮东临大江哭。
陇右河源不种田,⑭胡骑羌兵入巴蜀。⑮
洪涛滔天风拔木,前飞秃鹙后鸿鹄。
九度附书向洛阳,十年骨肉无消息。⑯

杨万里一生的旅途次数和杜甫相近,甚至更多,但杨万里对旅途的态度更接近于现代的环球旅行者:

阊门外登溪船五首·其一

步下新船试水初,打头揽载适逢子。
一椽板屋才经雨,两面油窗好读书。
剩买春风木芍药,乱簪棐几竹籧篨。
清溪浮取松亭子,赏遍千山不要驴。⑰

与现代旅行者相似,杨万里对细节的关注要多于杜甫,读者感觉到杨万里对旅途的描写比杜甫更加详细、具体。正如我们所说,这些旅途可能是他麻烦生活的象征。但两位诗人最惊人的不同之处在于,杨万里对旅行、读书、赏景有着极大的兴趣,而杜甫则完全处于沉郁的状态之中。

苏轼用两句简短的诗句概括了这种全新的人生态度:"我本无家更安往,故乡无此好湖山。"⑱尽管这位宋代诗人仍然深深地依恋着他的家乡,但他现在愿意去更广阔的世界旅行,完全没有早期中国诗人那里经常可以看到的恐惧和焦虑。

另一个早期诗人们常来寄托哀怨情绪的主题就是悲秋。秋天是植物死亡和动物迁徙的季节,早期中国诗人们认为秋天象征着世界的不断变化和人类短暂的生命。唐代诗人孟郊对秋天的态度很有代表性:

秋怀十五首·其二

秋月颜色冰,老客志气单。
冷露滴梦破,峭风梳骨寒。
席上印病文,肠中转愁盘。
疑怀无所凭,虚听多无端。
梧桐枯峥嵘,声响如哀弹。⑲

杨万里同意孟郊对秋天的看法,认为这个季节令人沮丧。但是,他拒绝被悲伤淹没:

感秋五首·其三

隤照趣夕黯,孤灯启宵明。
老夫倦欲睡,似醉复如醒。
寸心无寸恨,坦如江海清。
秋蛩何为者,四面作怨声。
凄恻竟未已,抑扬殊不平。
切切百千语,递递三四更。
绕砌寻不得,静坐复争鸣。
有口汝自苦,我醉不汝听。[20]

杨万里顽强的乐观精神与秋季的凄凉氛围形成鲜明的对比,前者简直毫无"寸恨"。即使在唐代,引起人们悲伤情绪的"秋蛩"也已是老生常谈,而杨万里却很享受去打破早期与昆虫联系的陈腐意象。尽管这些蟋蟀试图让他悲伤,但他的乐观精神保护他免受它们悲伤鸣叫的影响。

秋天对中国人而言是衰老和死亡的象征,而对衰老的恐惧是中国诗歌中最常见的主题之一,它早在《诗经》中就已出现。由于大多数中国知识分子都对来世的可能性持怀疑态度,死亡对他们来说尤其可怕。他们一看到白发,通常就会陷入深深的忧伤之中,这种态度可能导致了李白那种及时行乐的哲学,也可能催生了陶渊明诗歌中对命运顺其自然的态度。我们已经看到杨万里随着年龄的增长而变得越来越平静,但他的平静并不是来自宿命论,而是来自对生活各方面的真正悦纳:

阊门外登溪船五首·其二

上得船来恰对山,一山顷刻变多般。
初堆翠被百千摺,忽拔青瑶三两竿。
夹岸儿童天上立,数村楼阁电中看。
平生快意何曾梦,老向阊门下急滩。㉑

杨万里写这首诗的时候已经七十多岁,在那个年代,这个岁数大多数诗人早已过世。然而,杨万里并没有自怨自怜,而是在每一刻的经历中表达了无限的喜悦。

杨万里后期的所有诗歌都洋溢着对人生的热爱,这种热爱甚至是北宋诗人所无法比拟的:

洗面绝句

浙山两岸送归舻,新捣春蓝浅染苍。
自汲江波供盥漱,清晨满面落花香。㉒

杨万里还可以庆祝这样一个简单的快乐,比如早上洗脸。

尽管社会条件对杨万里人格的形成起着重要作用,他修习禅宗时对日常生活的重点关注使他摆脱忧郁悲伤的情绪而能在最寻常的事情中找到快乐。然而,对杨万里和其他宋代诗人来说,最大的慰藉是对大自然之美的沉思,大自然是所有奥秘的来源,这吸引着禅宗高僧或道教隐士对其尝试理解:

感秋五首·其四

秋晓寒可忍，秋夕永难度。
青灯照书册，两眼如隔雾。
掩卷却孤坐，块然与谁语。
倒卧卧不得，起行行无处。
屋角忽生明，山月到庭户。
似怜幽独人，深夜约清晤。
我吟月解听，㉓月转我亦步。
何必更读书，且与月联句。㉔

最后，书籍对杨万里来说毫无用处，因为它们只能蒙蔽眼睛和智慧。和他人之间友谊的价值也是有限的，因为杨万里是独处的，没有人和他说话。最终，月亮给杨万里带来了慰藉，杨万里感到自己与月亮的交往超越了普通朋友关系。当他写"我吟月解听"时，他有意地去调侃李白和其他诗人一生所承受的那种孤独。杨万里领悟到了宇宙万物背后的统一性。

注 释

① 吉川幸次郎，《宋诗概说》，第34—39页；由伯顿·沃森在《宋诗概要》中译为了英文，第24—28页。
② 意思是：现在我已到了五十岁的年纪。来自孔子《论语》："五十而知天命。"参见《四部丛刊·论语》，1-5b。
③ 10-96b；11-6b；89。
④ 苏轼，《四部丛刊·经进东坡文集诗论》，1-13a。
⑤ 9-87b；10-5a；80。

⑥《读孟郊诗》其二的首行诗句中写道:"我憎孟郊诗。"《四部丛刊·集注分类东坡先生诗》,25-465b。

⑦ 唐圭璋辑,《全宋词》(北京:中华书局,1965),第 288 页。

⑧ 笔者遵循了《四部备要》中的题目。

⑨ 指诗人刚被指派到广东就职。

⑩ "一更"大概是晚上七点到九点(15-137a;16-1b;115)。

⑪ 床上的厨房位于船尾,所以顺风会将炊烟吹到船头。

⑫ 35-326b;36-3a;210。

⑬ 关于中国宋代经济增长情况,可参考伊懋可(Mark Elvin)的《中国历史之范式》(*The Pattern of the Chinese Past*,斯坦福:斯坦福大学出版社,1973)一书。

⑭ 陇右大致位于现甘肃省。该地区当时被叛军入侵破坏。

⑮ 巴蜀指现在的四川。杜甫指当时藏族和外国少数民族部落入侵该地区。

⑯《四部丛刊·杜工部诗》,261b。

⑰ 34-325b;36-2a;209。

⑱《六月二十七日望湖楼醉书五首》其五最后两行。《四部丛刊·集注分类东坡先生诗》,9-184b。

⑲ 孟郊,《四部备要·孟东野集》,4-1a。

⑳ 25-233a;27-6b;153。

㉑ 34-325b;36-2a;209。

㉒ 24-228a;27-1b;153。

㉓ 参考李白名句:"月既不解饮"。参见第 61 页。

㉔ 25-233a;27-6b;153。

第八章 后代

到了明初,杨万里的诗歌和词作逐渐失传,人们对杨万里的评价往往是负面的。这是因为中国诗歌受到前七子和后七子的影响,他们认为仿效唐诗是诗歌创作的最高形式。攻击保守派时,以公安派袁宏道(1568—1610)为首,深受王守仁(1472—1529)新儒家心学派中较为激进者的影响,特别是受到著名的李贽①思想的影响。我们已经看到了禅宗是如何促使杨万里反对文学中的保守主义的。

袁宏道虽然没有提及杨万里的诗,但他反对模仿、反对陈规陋习的立场,与杨万里的立场十分相似:

> 盖诗文至近代而卑极矣,文则必欲准于秦汉,诗则必欲准于盛唐,剿袭模拟,影响步趋,见人有一语不相肖者,则共指以为野狐外道。曾不知文准秦汉矣,秦汉人曷尝字字学《六经》欤?诗准盛唐矣,盛唐人曷尝字字学汉魏欤?秦汉而学《六经》,岂复有秦汉之文?盛唐而学汉魏,岂复有盛唐之诗?②

虽然杨万里对袁宏道的直接影响几乎不可能证明,但他们都处于中国同一思想流派之中，深深受益于禅宗对自我意识和自发性的强调。

实际上，正是杨万里对形式主义的反对并提倡自我抒发和表现，对后来的诗歌理论和实践产生了最大的影响，这可以从中国文学最具原创性的诗人之一、十八世纪著名批评家袁枚（1716—1798）身上看出。到了清代，宋诗得到了复兴，到了十八、十九世纪，大批反传统的作家能够更好地欣赏杨万里诗作中的个人特质。袁枚在其文艺批评著作《随园诗话》中对杨万里的评价是：

> 诚斋曰："从来天分低拙之人，好谈格调，而不解风趣。何也？格调是空架子，有腔口易描；风趣专写性灵，非天才不办。"③

这句话在杨万里的作品中并没有流传下来，但它确实符合他的文学基本理念。熟悉袁枚诗歌的人不难发现，袁枚大胆的个人主义和浓厚的幽默色彩与杨万里诗歌有着强烈的相似之处。这些相似之处一定打动了袁枚的某位学生，因为他写道：

> 汪大绅道余诗似杨诚斋。范瘦生大不服，来告余。余惊曰："诚斋一代作手，谈何容易！后人嫌太雕刻，往往轻之。不知其天才清妙，绝类太白。瑕瑜不掩，正是此公真处。至其文章气节，本传具存，使我拟之，方且有愧。"④

尽管袁枚谦虚地认为自己不配去模仿杨万里，但杨万里的影响在他的许多诗歌中都是显而易见的。袁枚的性灵说和诗歌天才论与杨万里提倡的开悟是原创性写作的关键,两者精神基本一致。

注　释

① 有关对李贽和晚明思想的精彩解读,参见狄培理(William Theodore de Bary)在《明代思想中的个人和社会》(Self and Society in Ming Thought)中的章节《个人主义与人道主义》(Individualism and Humanitarianism)(纽约:哥伦比亚大学出版社 1970),主要在第 188—222 页。
② 袁宏道,《袁中郎全集》(上海:世界书局,1935),第 1 卷,第 5—6 页。
③ 袁枚,《随园诗话》(北京:人民文学出版社,1960),第 1 卷,第 2 页。
④ 同上,第 8 卷,第 272 页。

参考书目

中文参考书目

[1] 仅以下两个版本的杨万里作品可供查阅：

《四部丛刊·诚斋集》(台北：商务印书馆重印本)，包含杨万里诗歌及文章。

《四部备要·诚斋诗集》(台北：中华书局重印本，1970)，仅含杨万里诗歌。

[2] 最具参考价值的杨万里诗歌选注本此前已有提及：

周汝昌，《杨万里选集》(北京：中华书局，1964)。

[3] 以下作品提供了关于杨万里及其好友范成大的有用资料：

《古典文学研究资料汇编·杨万里范成大卷》(北京：中华书局，1965)

专家学者应参阅以上提及的众多中文著作，以对杨万里诗歌获得更专业的了解。以下一部分书籍为外文出版物，可供一般读者掌握、了解杨万里所处的时代和宋诗特点。

外文参考书目

[1] 陈观胜(Kenneth Ch'en)，《中国佛教史概论》(*Buddhism in China*)，普林斯顿：普林斯顿大学出版社，1964年。

[2] 京特·德博(Günther Debon)，《沧浪诗话》(*Ts'ang-Lang's Gespräche über die Dichtung*)，威斯巴登：哈拉索维茨出版社，1962年。

[3] 戴密微(Paul Demieville)，《临济语录》(*Entretiens de Lin-Tsi*)，巴黎：

法亚尔出版社，1972 年。

［4］范成大，《范成大：四时田园杂兴六十首》(*The Golden Year of Fan Ch'eng-ta*)，杰拉尔德·布赖特（Gerald Bullet）译，剑桥：剑桥大学出版社，1946 年。

［5］冯友兰，《中国哲学史》(*A History of Chinese Philosophy*)，普林斯顿：普林斯顿大学出版社，1953 年。

［6］谢和耐（Jacques Gernet），《蒙元入侵前夜的中国日常生活》(*Daily Life in China on the Eve of the Mongol Invasion*)，纽约：麦克米伦出版社，1962 年。

［7］刘若愚（James J.Y. Liu），《北宋主要词家》(*Major Lyricists of the Northern Sung*)，普林斯顿：普林斯顿大学出版社，1974 年。

［8］刘若愚（James J.Y. Liu），《中国的文学理论》(*Chinese Theories of Literature*)，芝加哥：芝加哥大学出版社，1975 年。

［9］柳无忌（Wu-Chi Liu），罗郁正（Irving Yu-cheng Lo）编，《葵晔集：三千年中国诗歌》(*Sunflower Splendor: Three Thousand Years of Chinese Poetry*)，纽约：锚定出版社，1975 年。

［10］罗郁正（Irving Yu-cheng Lo），《辛弃疾》(*Hsin Ch'i-chi*)，纽约：特怀恩出版社，1971 年。

［11］苏轼，《宋代诗人苏东坡选集》(*Su Tung-p'o, Selections from a Sung Dynasty Poet*)华兹生（Burton Watson）译，纽约：哥伦比亚大学出版社，1966 年。

［12］华兹生（Burton Watson），《中国抒情诗歌》(*Chinese Lyricism*)，纽约：哥伦比亚大学出版社，1971 年。

［13］吉川幸次郎（Kojiro Yoshikawa），《宋诗概说》(*An Introduction to Sung Poetry*)，华兹生（Burton Watson）译，马萨诸塞：哈佛大学出版社，1967 年。